RAPPER

MEETS

Motivationsjournal

Lyrics zum Erfolg

Investiere jeden Tag 12 Minuten deiner Zeit, um in 12 Wochen die beste Version von dir selbst zu sein.

Ein Buch für alle, die ihr volles Potenzial entfesseln und ihre Ziele erreichen wollen.

RAPPER

MEETS

Motivationsjournal

Lyrics zum Erfolg

Copyright: Melodie Sky, Cryse, 2023, Deutschland

ISBN: 978-3-98260-050-5

Melodie Sky & Cryse
c/o AutorenServices.de
Birkenallee 24
36037 Fulda
*Für Pakete bitte gesondert via Kontakt oder E-Mail anfragen.

Alle Rechte vorbehalten.

Instagram: @Rapper_meets_Autorin
TikTok: @Rapper_meets_Autorin
E-Mail: Info@rapper-meets-autorin.de

INTRO ZU DEINEN 12 WOCHEN ZUM ERFOLG

Mic Check
Was geht? Steig ein und find's raus.

1. ROUTINEN - KEIN BLA BLA, NUR REALTALK	**9-35**
Theorie	10-13
Praxis	14-35
2. WERTE - WARUM WERTE DER KOMPASS DEINES LEBENS SIND	**36-57**
Theorie	37-39
Praxis	40-57
3. SIEGE - KÄMPFE FÜR DEINE ZIELE UND SPÜRE DEN TRIUMPF	**58-101**
Theorie	59-61
Praxis	62-101
4. MINDSET - BOOSTE DEIN MINDSET UND KICKE DIE NEGATIVITÄT	**102-139**
Theorie	103-106
Praxis	107-139
5. ZEIMANAGEMENT - WERDE MEISTER DER ZEIT	**140-180**
Theorie	141-144
Praxis	145-182
6. FREESTYLE SESSION - ZEIT ZUR REFLEXION	**183-221**

Outro
Feature mit der Zukunft. Wie geht's weiter?

Bonustracks:
- Highlight des Tages
- Emergency-Exit
- Time to Relax

Jede Veränderung beginnt mit einem ersten Schritt. Den hast du bereits getan.

WILLKOMMEN BEI LYRICS ZUM ERFOLG!

Hey Du!
Falls du gerade denkst: »Noch so ein Buch für die 'Mach-ich-später'-Liste?«

Spoiler: Ist es nicht! Und hier ist der Grund:

Ein Rapper und eine Autorin haben sich zusammengetan, um dieses Journal zu erschaffen. **Unkonventionell?** Absolut! Doch genau deshalb funktioniert es.

Was erwartet dich in den kommenden 12 Wochen? Im Fokus stehst **DU** und die Erreichung deiner Ziele.

Wofür eigentlich Ziele?
Stell's dir so vor: Du steigst in deinen Wagen, lässt den Motor aufheulen und fährst einfach los. Geiles Gefühl, oder? Aber irgendwann fragst du dich: „**Wohin als Nächstes?**"

Hier kommen die **Ziele** ins Spiel. Sie sind wie deine Roadtrip-Liste: Der Kurs, den du einschlägst, die Musik, die du aufdrehst, die spontanen Pausen und die tiefen Nachtgespräche. **Und wir? Wir sind dein Navi, das dir die Richtung zeigt, um deine Ziele zu erreichen.**

Ready for the ride?

WILLKOMMEN BEI LYRICS ZUM ERFOLG!

Und sonst so?

Was dich außerdem erwartet:

Positives Denken!
Das klingt wie ein Klischee und im ersten Moment ziemlich uncool, oder?

Aber stell dir einmal vor: Du würdest statt mit mieser Laune, Demotivation und negativen Gedanken, die Stress auslösen, motiviert, voller Energie und optimistisch deinen Tag und alle anstehenden Herausforderungen meistern? Dauerhaft angefeuert von jubelnden Cheerleadern und mit der Power eines blubbernden V8-Motors.

Zeitmanagement: Auch deinem Vorbild stehen dieselben 24 Stunden pro Tag zur Verfügung wie dir. Damit hat dein Idol es ganz nach oben geschafft. Das schaffen wir auch, und zwar ohne dich dabei auszubrennen.

Also, schnapp dir einen Stift, mach dich bereit und lass uns diesen Weg zusammen starten! Denn mit diesem Buch an deiner Seite wirst du deine Produktivität steigern, einen Kickstart hinlegen und deine Ziele erreichen!

MELODIE + CRYSE

WILLKOMMEN BEI LYRICS ZUM ERFOLG!

Freunde!

Wir haben gemeinsam ein Motivationsjournal gezaubert, das euch ganz nach oben bringt. Bei der Erstellung haben wir gelacht, uns gepusht, reflektiert und ständig optimiert. Das war alles andere als leicht, aber wir haben es durchgezogen, **für euch** und **für uns**. Ihr haltet das Ergebnis einer intensiven Zusammenarbeit und jahrelanger persönlicher Entwicklung in den Händen.

Wer seine Ziele erreichen will, braucht aus unserer Sicht zwei Dinge: **Mut und Willenskraft**. Es geht in diesem Journal nicht um Perfektion. Im Gegenteil: Wir zeigen euch, dass euer Kampfgeist und euer Durchhaltevermögen ausreichen, um euer volles Potenzial zu entfesseln.

> " Ich hab lange Zeit geübt, als ihr gesoffen habt bis morgens, trainiert wie ein Gestörter und trag bis heute keinen Orden - denn die Skills sind für mich, für den Körper und den Geist, doch bei vielen heißt Skill, leider heute nur noch Like.
>
> *Cryse*
> *Merkur* "

WILLKOMMEN
BEI LYRICS ZUM ERFOLG!

Bock auf einen krassen Motivationsbooster? Holt euch unseren Drive, inklusive Lachkicks, und alle Behind-the-Scenes-Geschichten bei uns ab.

Vernetzt euch auf Social-Media mit uns, für Extra-Power, Deeptalks und Challenges.

Wir freuen uns auf den Austausch und darauf, eure Erfolge gemeinsam mit euch zu feiern!

Melodie & Cryse

Rapper_meets_autorin

Wer steckt hinter diesem Projekt?

Hey, ich bin Cryse.

Aufgewachsen bin ich auf den kanarischen Inseln. Auch wenn es sich nach einem Paradies anhört, hatte auch diese Idylle ihre dunklen Momente. Mein Leben war geprägt von zahlreichen Höhen und Tiefen. Heute repräsentiere ich mit meiner Musik, als Deutschrapper, Motivation und Entschlossenheit. In diesem Buch teile ich meine Erfahrungen und die Motivation, die mich vorangetrieben hat.

- Rapartist +2,5 Millionen Streams
- Professioneller Filmproduzent
- Inhaber eines Tonstudios & einer Filmproduktionsfirma

 Cryse_brotos

 Cryse_brotos

Hi, ich bin Melodie.

Ich habe viele Jahre damit verbracht, immer das zu tun, was von mir erwartet wird, und lange nicht den Mut gefunden, meine eigenen Träume zu verwirklichen. 2022 habe ich endlich angefangen, für meine Vision zu kämpfen und bin heute glücklicher als je zuvor. Jetzt möchte ich euch unterstützen und motivieren, damit auch ihr an euch glaubt und eure Ziele erreicht.

 Melodie.Sky

 Melodie.Sky

- Verlagsautorin: 2023 - 5 Bücher veröffentlicht
- Inhaberin eines Unternehmens für Bookmerch
- Selfpublishing

Mic Check

Hey, du! Mach eine kurze Pause, bevor es richtig losgeht. **Wo stehst du aktuell?** Bist du voll motiviert oder noch auf der Suche nach deinem Drive? Hast du dich im endlosen To-Do-Dschungel verirrt oder bist du total im Flow?

Egal! Hier gibt es kein Richtig oder Falsch. Lass uns gemeinsam herausfinden, wo du startest, und dich dann zum Gewinner machen!

Die Auswertung deiner Antworten, zeigt dir deinen Ausgangspunkt.
Vergiss nicht: Den wichtigsten Schritt hast du bereits getan. Du bist hier, um die beste Version von dir selbst zu werden und dein volles Potenzial auszuschöpfen!

#crysemelodie #12wochenzumerfolg

Mic Check

Wo stehst du gerade? Kreuze an, wo du dich siehst:

1. Motivation
a. Ich habe Schwierigkeiten, mich überhaupt für etwas zu motivieren.
b. Ich bin manchmal motiviert, verliere aber schnell das Interesse.
c. Ich bin oft motiviert, aber es fehlt mir an Durchhaltevermögen.

2. Zielsetzung
a. Ich setze mir selten bis nie konkrete Ziele.
b. Ich setze mir manchmal Ziele, verfolge sie aber nicht immer.
c. Ich setze mir regelmäßig Ziele, habe aber Schwierigkeiten, sie zu erreichen.

3. Zeitmanagement
a. Ich plane meinen Tag selten und lasse mich oft ablenken.
b. Ich versuche zu planen, aber oft kommt etwas dazwischen.
c. Ich habe eine feste Routine, aber manchmal verliere ich den Überblick.

4. Priorisierung von Aufgaben
a. Ich mache einfach, was gerade anfällt, ohne Prioritäten zu setzen.
b. Ich versuche, wichtige Dinge zuerst zu erledigen, schaffe es aber nicht immer.
c. Ich kann gut entscheiden, welche Aufgaben Priorität haben, verpasse aber manchmal Deadlines.

Loading...

Mic Check

5. Reflexion und Anpassung
a. Ich reflektiere selten meine Fortschritte oder Ziele.
b. Ich denke manchmal über meine Ziele nach, ändere sie aber selten.
c. Ich überprüfe regelmäßig meine Fortschritte und passe bei Bedarf meine Ziele an.

Auswertung:
- Mehrheitlich a's: *Du stehst am Anfang deiner Reise in diesen Bereichen. Keine Sorge, mit diesem Workbook wirst du bald Fortschritte sehen.*
- Mehrheitlich b's: *Du hast bereits einige Grundlagen, es gibt aber noch Luft nach oben. Lass uns gemeinsam daran arbeiten!*
- Mehrheitlich c's: *Du bist auf einem guten Weg und hast bereits viele positive Gewohnheiten entwickelt. Wir motivieren dich, diese zu festigen und weiter auszubauen!*

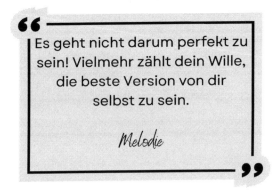

> " Es geht nicht darum perfekt zu sein! Vielmehr zählt dein Wille, die beste Version von dir selbst zu sein.
>
> *Melodie*

CRYSE

MELODIE

Routinen

WOCHEN

READY FÜR DAS NEXT-LEVEL?

1. Routinen

KEIN BLABLA, NUR REALTALK!

Glückwunsch! Du hast das Vorwort bereits gerockt. Jetzt starten wir mit dem ersten Thema: **Routinen.**

Je öfter der Beat droppt oder je tiefer du in eine Story eintauchst, desto mehr geht sie dir ins Blut über und du fühlst den Song oder die Zeilen eines Kapitels in jeder Zelle deines Körpers. Diese Metapher entspricht der Gliederung unseres Journals:

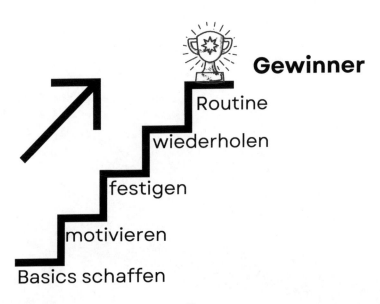

READY FÜR DAS NEXT-LEVEL?

1. Routinen

Warum dieses Vorgehen?
Wir wollen dir nicht gleich einen Remix von 100 Tracks präsentieren oder ein komplettes Manuskript und erwarten, dass du über Nacht ein anderer Mensch wirst. Zu oft haben wir selbst Sätze gehört wie: „So muss es jetzt sofort sein!" Absolut demotivierend, oder? Das geht besser! Jede Veränderung **braucht ihre Zeit**, um alltäglich zu werden. Wir gönnen sie dir.

Checke die obere linke Ecke auf den kommenden Seiten, um zu wissen, wo du gerade stehst. Du entscheidest, ob du einen Part wiederholst oder das nächste Kapitel aufschlägst.

Wichtig ist nur eins: Bleib dran.
Es gibt viele Wege zum Ziel. Nicht das **WIE** ist entscheidend, sondern das Ergebnis.

> Wir machen alles Step by Step, anstatt einen Sprint hinzulegen, der dich ausbrennt und dir deine Energie raubt!
>
> *Cryse + Melodie*

Routine am Morgen vertreibt Kummer und Sorgen, oder so ähnlich...

Die Theorie

Hast du schon einmal einen Morgen erlebt, an dem der Wecker klingelt und du direkt mit der Energie einer Überdosis Koffein aus dem Bett springst? (Wenn ja, bitte sag uns, welchen Kaffee du trinkst!). Der Ursprung einer solchen Energie liegt oft in einer effizienten Morgenroutine.

Warum ist das so wichtig, fragst du dich?
Stell dir deine Morgenroutine vor, wie die erste Line in deinem Lieblingssong. Sie setzt den Ton, gibt den Rhythmus vor und bereitet dich auf die epische Hook des Tages vor, die voller Möglichkeiten und Erfolge steckt.

| KICKSTART IN DEN TAG |  MEHR MOTIVATION & ENERGIE |  ERFOLGREICHER & PRODUKTIVER TAG |

Routine am Morgen vertreibt Kummer und Sorgen, oder so ähnlich...

Die Theorie

Für alle unter euch, die jetzt denken: „Morgenroutine? Meint ihr damit, mich aus dem Bett zu quälen und nach meinem Handy zu greifen?"
Genau hier wollen wir ansetzen und etwas bewegen. Ein gelungener Start in den Tag bringt dich deinen Zielen einen Riesenschritt näher.

Hier gibt es unsere Praxistipps für einen startklaren Morgen. Das Ziel?

Den Morgen rocken und den Tag genießen, ohne dauernd im Sprint-Modus zu sein.

Schluss mit Theorie, ab in die Praxis!

> " Wo sind die Werte und der Antrieb, die Stärke, die in den Kampf zieht, ich war der Junge dem nur eine Kerze in der Nacht blieb.
>
> *Cryse*
> Merkur "

Routine am Morgen vertreibt Kummer und Sorgen, oder so ähnlich...

Die Praxis

WIE SIEHT FÜR GEWÖHNLICH DEINE MORGENROUTINE AUS?

....
....
....

WAS WILLST DU DARAN OPTIMIEREN?

....
....
....

Kickstart
- Snooze? Nope!
- Handy-Pause: 10 Minuten
- Wasser & Fenster-Frischluft
- Tages-Fokus setzen

Akku voll:
- Morgen-Balance = weniger Mittagsflaute
- Produktivitäts-Boost
- Positiv-Vibes & Stress-Resistenz

Erfolg pur:
- Power-Gewohnheiten
- Klare Ziel-Fokussierung
- Weniger Stress, Morgen-Effizienz

Routine am Morgen vertreibt Kummer und Sorgen, oder so ähnlich...

Die Praxis

WARUM WILLST DU ETWAS ÄNDERN?

....
....
....

❗ DEIN WARUM IST DEIN REMINDER, WENN DU EINMAL DIE MOTIVATION VERLIERST! ES BRINGT DICH ZUM ZIEL!!!

Größtes Warum

Cryse	Melodie
Rapstar	**Buchverfilmung**

☐ **Routinen**
☐ Werte
☐ Siege
☐ Mindset
☐ Zeitmanagement
☐ Freestyle

Morgenroutine Checkliste: Starte deinen Tag wie ein Gewinner!

Auf den kommenden **2 Seiten** findest du eine Checkliste mit **10 Routinen**, die dir als Inspiration für einen optimalen Start in den Tag dienen können. Wähle 3-5 Punkte aus, die zu dir passen, und integriere sie in deinen Alltag. Probiere dich aus und finde **DEINE** optimale Morgenroutine!!

Tipp: Empfohlen werden 3-5

Part 1:

☐ **Der Wecker-Kampf:** Steh auf, ohne den Snooze-Button zu drücken! Der Wecker ist kein Feind – er ist dein **Startschuss**.

☐ **Hydration:** Ein großes Glas Wasser, vor anderen Getränken.

☐ **Relax:** Gönn dir fünf Minuten, atme tief durch und lasse Stress und Hektik beiseite. Der Tag kann noch kurz warten!

☐ **Dehnen?** Nicht für dich oder vielleicht doch? Etwas Bewegung. Du musst nicht den perfekten Sonnengruß hinlegen, aber strecke dich ein wenig. Dein Körper wird es dir danken.

☐ **Gewinner-Outfit:** Outfit, in dem du strahlst und dich wohlfühlst.

☐ **Routinen**
☐ Werte
☐ Siege
☐ Mindset
☐ Zeitmanagement
☐ Freestyle

Part 2:

☐ **Durchatmen:** Kurzer Frischluft-Trip, ob am Fenster oder draußen.

☐ **Klare Ziele:** Notiere die drei wichtigsten To-Dos des Tages. Organisiere sie, erstelle einen Plan, setze dir Prioritäten.

☐ **Gewinner-Frühstück:** Ob Proteinshake, Porridge oder Rührei – starte mit Energie. Ohne ein frisches Meal ist dein Tank leer und du musst untertourig im Sparmodus fahren, um zum Ziel zu kommen. Ist es nicht viel geiler, mit einem vollen Tank, der mit Super-Plus gefüllt ist, zu starten?

☐ **Digital Detox:** 30 Minuten handyfrei, um im Reallife klarzukommen.

☐ **Egopush:** Stell dich vor den Spiegel und sage dir, was du heute dshcaffen willst und warum. Nutze deine To-Dos. Wiederhole das Ganze fünf Mal. Auch wenn es am Anfang echt seltsam ist, der Effekt ist krass. Du wirst mit gestrafften Schultern und Selbstbewusstsein in den Tag starten.

Mit dieser Routine bist du bestens vorbereitet, um den Tag wie ein echter Gewinner zu meistern!

☐ **Routinen**
☐ Werte
☐ Siege
☐ Mindset
☐ Zeitmanagement
☐ Freestyle

Tag 1

Die Checkliste liefert dir eine **Inspiration** für deine Morgenroutine. Gestalte sie so, wie sie für dich passt.

Nachfolgend haben wir dir unsere gewöhnliche Morgenroutine aufgelistet, um dir einen **Einblick in unseren Alltag** zu geben.

Morgenroutine Cryse

- Aufstehen beim 1. Wecker
- Bett machen
- Duschen - Normal danach Eiskalt
- 1/2L Wasser trinken
- Tiefe Atemzüge an frischer Luft
- Los

Morgenroutine Melodie

- Aufstehen beim 1. Wecker
- Bett machen
- Duschen
- 30 Minuten ohne Handy
- 1L Wasser+ Vitamine trinken
- 5 Min. Motivation vor dem Spiegel
- Los

☐ **Routinen**
☐ Werte
☐ Siege
☐ Mindset
☐ Zeitmanagement
☐ Freestyle

 Tag 2

Morgenroutine Checkliste: Starte deinen Tag wie ein Gewinner!

☐ Dein Startschuss - der Wecker

☐ Hydration

☐ Relax

☐ Dehnen

☐ Frühstück

☐ Durchatmen

☐ Klare Ziele

☐ Gewinneroutfit

☐ Digital Detox

☐ Egopush

Quick Reminder!

Perfektion auf Anhieb? Unnötig! Du machst schon mehr als viele andere. Klappt nicht jeder Morgen? Oder hattest einen faulen Tag? So what! Jeder Tag ist eine neue Chance. **Scheitern ist ein Teil von Erfolg. Bleib dran!**

Wir teilen weitere Challenges auf Social Media.
#12wochenzumerfolg

☐ **Routinen**
☐ **Werte**
☐ **Siege**
☐ **Mindset**
☐ **Zeitmanagement**
☐ **Freestyle**

Morgenroutine Checkliste: Starte deinen Tag wie ein Gewinner!

☐ Dein Startschuss - der Wecker
☐ Hydration
☐ Relax
☐ Dehnen
☐ Frühstück
☐ Durchatmen
☐ Klare Ziele
☐ Gewinneroutfit
☐ Digital Detox
☐ Egopush

Wir alle lieben Herausforderungen

Du bist schon drei Tage dabei - Respekt! Mit deiner neuen Morgenroutine spürst du vielleicht schon Veränderungen. Um es spannend zu halten, gibt es ab sofort täglich eine (BONUS)-Challenge. Das motiviert zusätzlich.

BONUS-Challenge
Kopf frei kiegen - Gedanken klären

In 5 Minuten zum klaren Kopf: Nimm Stift und Block oder dein Handy. Setze den Timer und schreibe 5 Minuten alle Gedanken auf, die dir durch den Kopf gehen. Das schafft Platz für Kreativität und reduziert kreisende Gedanken. Du wirst überrascht sein, was dich alles beschäftigt.

Ready? Lets do it!!!

☐ **Routinen**
☐ Werte
☐ Siege
☐ Mindset
☐ Zeitmanagement
☐ Freestyle

Morgenroutine Checkliste: Starte deinen Tag wie ein Gewinner!

☐ Dein Startschuss - der Wecker

☐ Hydration

☐ Relax

☐ Dehnen

☐ Frühstück

☐ Durchatmen

☐ Klare Ziele

☐ Gewinneroutfit

☐ Digital Detox

☐ Egopush

> "Die beste Zeit für einen Neuanfang ist jetzt."
>
> *Marie Forleo*

BONUS-Challenge

Investiere in dich!

Stelle einen 5-Minuten-Timer und widme dich einem Lernthema. Egal, ob es Vokabeln, ein Sport-Tutorial oder aktuelle News sind.

Was ist deine Investition in dich selbst?

Teile es auf Insta mit uns! Benutze die Hashtags:
#crysemelodie
#12wochenzumerfolg

☐ **Routinen**
☐ Werte
☐ Siege
☐ Mindset
☐ Zeitmanagement
☐ Freestyle

Tag 5

Morgenroutine Checkliste: Starte deinen Tag wie ein Gewinner!

☐ Dein Startschuss - der Wecker
☐ Hydration
☐ Relax
☐ Dehnen
☐ Frühstück
☐ Durchatmen
☐ Klare Ziele
☐ Gewinneroutfit
☐ Digital Detox
☐ Egopush

> "Starte, bevor du bereit bist. Warte nicht auf den perfekten Moment, nimm den Moment und mache ihn perfekt."
>
> *Zig Ziglar*

BONUS-Challenge

Treppenlauf

In 5 Minuten so oft wie möglich Treppen hoch und runter laufen. Optional: Zähle die Stufen.

*Berücksichtige bei dieser Übung dein persönliches Fitnesslevel.

☐ **Routinen**
☐ Werte
☐ Siege
☐ Mindset
☐ Zeitmanagement
☐ Freestyle

Tag 6

Morgenroutine Checkliste: Starte deinen Tag wie ein Gewinner!

☐ Dein Startschuss - der Wecker

☐ Hydration

☐ Relax

☐ Dehnen

☐ Frühstück

☐ Durchatmen

☐ Klare Ziele

☐ Gewinneroutfit

☐ Digital Detox

☐ Egopush

> " Du wirst niemals genug Zeit haben, um alles zu erledigen. Aber du hast immer genug Zeit, um das Wichtigste zu tun.
>
> *Brian Tracy* "

BONUS-Challenge

Planks

Halte die Plank-Position so lange du kannst und stoppe die Zeit. Eine starke Körpermitte stärkt nicht nur deinen Body, sondern auch den Geist und stärkt deine Willenskraft!

☐ **Routinen**
☐ Werte
☐ Siege
☐ Mindset
☐ Zeitmanagement
☐ Freestyle

Tag 7

Morgenroutine Checkliste: Starte deinen Tag wie ein Gewinner!

☐ Dein Startschuss - der Wecker
☐ Hydration
☐ Relax
☐ Dehnen
☐ Frühstück
☐ Durchatmen
☐ Klare Ziele
☐ Gewinneroutfit
☐ Digital Detox
☐ Egopush

> " Mein Motor pusht mich nach vorne und die Spur sie hält meine Psyche, viele Taten wenige Worte, alles rausholen in meiner Blüte.
>
> *Cryse*
> *Motor* "

BONUS-Challenge

Fokus:

Stelle einen Timer und überlege deine drei Hauptziele für heute. Plane mental die nötigen Schritte und frage dich, warum diese Ziele wichtig sind.

Schreibe dir die Antworten für einen besseren Überblick auf.

Woche 1/12 ✓

Glückwunsch!

Du bist schon eine Woche auf deiner Reise und kannst dir dafür ordentlich auf die Schulter klopfen! Respekt von uns an dich, für deinen Willen, deine Motivation und dein Durchhaltevermögen, um deine Ziele zu erreichen.
Fühl den Beat und reflektiere, was bereits optimal läuft und wo du noch an den Lyrics feilen willst.

Erinnere dich immer wieder an dein WARUM. Was entfacht dein Feuer? Was willst du erreichen?

In den kommenden 7 Tagen verankern wir deine neue Morgenroutine. Und danach?
Keine Zeit für Langeweile. Im Anschluss widmen wir uns deinen Werten. Wer willst du sein und wofür stehst du? Klingt spannend, oder?
Wir haben auf jeden Fall richtig Bock auf diesen Part.

Und hey, falls du das Gefühl hast, die Routine läuft noch nicht optimal – no worries! Dieser Beat spielt für volle 12 Wochen. Genügend Zeit, um deinen Rhythmus zu finden.

WIE SIEHT DEINE **NEUE** MORGENROUTINE AUS?

Woche 1/12 ✓

Du bist komplett **on fire** und hast Bock auf noch mehr Herausforderungen? Mega! **Lets go** und willkommen zu deiner **persönlichen Challenge!**

Was willst du in den kommenden 7 Tagen unbedingt erreichen und in deiner Routine etablieren?

....
....
....
....
....

Let's do this!

Belohnungen nicht vergessen!
Was gönnst du dir, wenn du 7 Tage durchziehst?

....
....
....

☐ **Routinen**
☐ Werte
☐ Siege
☐ Mindset
☐ Zeitmanagement
☐ Freestyle

Tag 8

Morgenroutine Checkliste: Starte deinen Tag wie ein Gewinner!

☐ Dein Startschuss - der Wecker
☐ Hydration
☐ Relax
☐ Dehnen
☐ Frühstück
☐ Durchatmen
☐ Klare Ziele
☐ Gewinneroutfit
☐ Digital Detox
☐ Egopush

> „Ich selbst liebe die Eat that frog Methode, die sehr gut zu der heutigen Mini-Challenge passt. Seit ich die unangenehmste/aufwendigste Aufgabe des Tages zuerst abhacke, bin ich deutlich produktiver und schaffe viel mehr meiner To-Dos."
>
> Melodie

BONUS-Challenge

3 Sekunden

Triff in 3 Sekunden eine lang aufgeschobene Entscheidung. Dies klärt den Geist und steigert die Effizienz. Nutze das Erfolgsgefühl als Antrieb für zukünftige Aufgaben.

☐ **Routinen**
☐ Werte
☐ Siege
☐ Mindset
☐ Zeitmanagement
☐ Freestyle

Morgenroutine Checkliste: Starte deinen Tag wie ein Gewinner!

☐ Dein Startschuss - der Wecker
☐ Hydration
☐ Relax
☐ Dehnen
☐ Frühstück
☐ Durchatmen
☐ Klare Ziele
☐ Gewinneroutfit
☐ Digital Detox
☐ Egopush

> " Bei mir steht Karma über Geld, alles andere bedeutet sie verarschen sich nur selbst.
> *Cryse*
> *Stunde Null* "

BONUS-Challenge

Karma Booster

Schon vom Gesetz der Anziehung gehört? Wir glauben fest daran!

Gibt es jemanden in deinem Leben, der stets für dich da ist? Wann hast du das letzte Mal Danke gesagt?

Booste dein Karma: Zeige dieser Person heute deine Wertschätzung und bringe sie zum Lächeln.

DEINE PERSÖNLICHE 7-TAGES- CHALLENGE

➡ ①—②—○—○—○—○—○

☐ **Routinen**
☐ Werte
☐ Siege
☐ Mindset
☐ Zeitmanagement
☐ Freestyle

Tag 10

Morgenroutine Checkliste: Starte deinen Tag wie ein Gewinner!

☐ Dein Startschuss - der Wecker

☐ Hydration

☐ Relax

☐ Dehnen

☐ Frühstück

☐ Durchatmen

☐ Klare Ziele

☐ Gewinneroutfit

☐ Digital Detox

☐ Egopush

> " Dein größtes Potenzial zur Produktivität liegt in der Fähigkeit, Nein zu sagen.
>
> *Adam Grant* "

BONUS-Challenge

10-Minuten-Natur

Du denkst dir vielleicht: Was für eine unnötige Challenge, ich bin jeden Tag draußen...
Das mag sein, aber wie verbringst du diese Zeit? Bist du auf dem Weg zu deinem Auto? Hetzt zum nächsten Termin oder scrollst durch TikTok?

Auch wenn du täglich draußen bist, verbringst du diese Zeit oft abgelenkt. Nimm dir heute 10 Minuten, um deine Umgebung bewusst und ohne Stress wahrzunehmen.

DEINE PERSÖNLICHE 7-TAGES- CHALLENGE

➡ ①—②—③—○—○—○—○

☐ **Routinen**
☐ Werte
☐ Siege
☐ Mindset
☐ Zeitmanagement
☐ Freestyle

Tag 11

Morgenroutine Checkliste: Starte deinen Tag wie ein Gewinner!

☐ Dein Startschuss - der Wecker
☐ Hydration
☐ Relax
☐ Dehnen
☐ Frühstück
☐ Durchatmen
☐ Klare Ziele
☐ Gewinneroutfit
☐ Digital Detox
☐ Egopush

> "Lerne Fehler zu lieben und sie zu analysieren, nur so wirst du wachsen!
>
> *Cryse*"

BONUS-Challenge

Negative Gedanken verbannen

Vorgehensweise:
- Timer auf 10 Minuten stellen.
- Blatt in „Negativ" und „Positiv" teilen.
- Negative Gedanken links notieren.
- Rechts das Positive oder eine Lösung dazu schreiben.
- Ergebnis laut vorlesen, um den Effekt zu verstärken.

Beispiel:
Negativer Gedanke: "Ich habe heute so viele Fehler gemacht."
Positiver Gedanke: "Jeder Fehler lehrt mich etwas Neues. Ich werde morgen besser sein."

DEINE PERSÖNLICHE 7-TAGES-CHALLENGE

① ② ③ ④ ○ ○ ○

☐ **Routinen**
☐ Werte
☐ Siege
☐ Mindset
☐ Zeitmanagement
☐ Freestyle

Tag 12

Morgenroutine Checkliste: Starte deinen Tag wie ein Gewinner!

☐ Dein Startschuss - der Wecker

☐ Hydration

☐ Relax

☐ Dehnen

☐ Frühstück

☐ Durchatmen

☐ Klare Ziele

☐ Gewinneroutfit

☐ Digital Detox

☐ Egopush

> " Erfolg ist oft das Ergebnis von vielen kleinen Schritten, die unaufhörlich getan werden, anstatt ein großer Sprung. "
>
> *Robert Collier*

BONUS-Challenge

Push-Up-Morning

Wie viele Liegestütze schaffst du in 5 Minuten?

Du kannst dir jede andere Übung aussuchen, um diesen Tag mit etwas Bewegung zu starten und dadurch deine Produktivität zu steigern.

Keine Ausreden! Do it und genieße im Anschluss den Motivations-boost.

DONE

DEINE PERSÖNLICHE 7-TAGES-CHALLENGE

☐ **Routinen**
☐ Werte
☐ Siege
☐ Mindset
☐ Zeitmanagement
☐ Freestyle

Tag 13

Morgenroutine Checkliste: Starte deinen Tag wie ein Gewinner!

☐ Dein Startschuss - der Wecker

☐ Hydration

☐ Relax

☐ Dehnen

☐ Frühstück

☐ Durchatmen

☐ Klare Ziele

☐ Gewinneroutfit

☐ Digital Detox

☐ Egopush

> „Der Weg zum Erfolg ist kein gerader. Es ist ein ständiges Auf und Ab, aber es zählt nur, dass du nicht stehen bleibst."
>
> — *Winston Churchill*

BONUS-Challenge
Fokus

Nimm dir 5 Minuten (am besten mit Timer) und überlege dir deine drei Hauptziele für heute. Plane in Gedanken die nötigen Schritte und begründe, warum du sie erledigen möchtest. Für mehr Effektivität, schreibe deine Antworten auf und rufe sie bei Bedarf wieder ins Gedächtnis.

DONE

DEINE PERSÖNLICHE 7-TAGES- CHALLENGE

☐ **Routinen**
☐ Werte
☐ Siege
☐ Mindset
☐ Zeitmanagement
☐ Freestyle

 Tag 14

Morgenroutine Checkliste: Starte deinen Tag wie ein Gewinner!

☐ Dein Startschuss - der Wecker
☐ Hydration
☐ Relax
☐ Dehnen
☐ Frühstück
☐ Durchatmen
☐ Klare Ziele
☐ Gewinneroutfit
☐ Digital Detox
☐ Egopush

> " Du wirst niemals genug Zeit haben, um alles zu erledigen. Aber du hast immer genug Zeit, um das Wichtigste zu tun.
>
> Brian Tracy "

BONUS-Challenge

Mein WARUM

Tag 14 ist ein perfekter Moment, dir in Erinnerung zu rufen, WARUM du diese 12 Wochen durchziehen willst. Wo willst du am Ende stehen? Was ist dein übergeordnetes Ziel, das dich jeden Tag antreibt?

Notiere deine Antworten!

Jeder Tag bringt dich deinen Zielen näher!

DEINE PERSÖNLICHE 7-TAGES-CHALLENGE

➡ ①–②–③–④–⑤–⑥–⑦

Woche 2/12 ✓

Du bist der Gewinner deines Morgens!

Du rockst schon zwei Wochen deine Morgenroutine. Respekt, dass du durchziehst. Gib's zu: Du bist jetzt richtig **on fire** und hast Bock, das neue Kapitel aufzuschlagen und die nächste Stufe auf dem Weg zur besten Version von dir selbst zu erreichen.

Challenge-Check: Du hast nicht nur täglich die Checkliste gemeistert, sondern dich auch deiner persönlichen 7-Tages-Challenge gestellt. Egal, ob du jeden Tag gemeistert hast oder zwischendurch einen „Ich-drück-noch-fünfmal-auf-Snooze"-Tag hattest – Du hast den Willen und den Kampfgeist, um deine Ziele zu erreichen, und darauf kommt es an. Ein High-Five von uns für dich.

Wir sind ja nicht hier, um Perfektion zu erreichen, sondern um zu wachsen, zu lernen und uns jeden Tag ein kleines Stückchen mehr zu steigern. Du hast noch genügend Zeit, um ein Profi zu werden und deine Skills zu optimieren.

Woche 2/12 ✓

Was erwartet dich jetzt? Wir beschäftigen uns mit deinen persönlichen Werten. Was treibt dich an? Wer willst du sein? Wo ziehst du Grenzen und warum? Wo siehst du dich und wie willst du von anderen gesehen werden? Das wird extrem spannend und aufschlussreich.

Belohne dich heute auf jeden Fall dafür, dass du schon 14 Tage dabei bist!

Stay motivated, keep it real und denk daran: Der Weg ist das Ziel, und du bist aktuell verdammt gut dabei, ganz nach vorn zu kommen.

Wir sind stolz auf dich und du kannst das auch sein! Lass uns direkt mit Part 2 starten!

Cryse & Melodie

Werte

> "Alle schwimmen sie mit dem Strom, haben keine eigenen Werte - Ihre Felgen sind voll verchromt, ich zieh lieber über Berge."
>
> *Cryse*
> *Fliegen*

Warum Werte der Kompass deines Lebens sind.

Die Theorie

2. Werte

Dein persönlicher Kompass

Rap und Schreiben. Wie passt das eigentlich zusammen? Für uns perfekt. Denn beides benötigt einen festen Kern, einen Ursprung- unsere Werte.

Was sind Werte?
Werte sind die Grundprinzipien und Überzeugungen, die unser Denken und Handeln beeinflussen. Oder in unserer Welt: Werte sind dein Kompass und bilden die Basis, in welche Richtung du dein Leben steuern willst.

Wie beeinflussen uns Werte?
Jedes Mal, wenn du vor einer Entscheidung stehst, sind es deine Werte, die im Hintergrund mitschwingen. Sie prägen, wer du bist und wie du gesehen werden möchtest.

Wie können Werte uns helfen, unsere Ziele zu erreichen?
Wenn deine Ziele und Werte im Einklang sind, wirst du erfolgreich sein. Sie geben dir die Motivation, die du brauchst, um jeden Tag aufs Neue dein Bestes zu geben, um ganz nach oben zu kommen.

Mach dir keinen Stress! Wir finden auf den kommenden Seiten heraus, was deine Werte sind, wenn du gerade etwas lost bist.

Warum Werte der Kompass deines Lebens sind

Die Theorie

Wenn du dich jetzt fragst: „Warum sollte ich mich um Werte kümmern? Ich habe doch schon genug Probleme mit der Morgenroutine!"
Verstehen wir!

Und hier kommt die Antwort:

Stell dir vor, du bist im Studio, legst einen fetten Beat auf und plötzlich ... nichts. Der Text fehlt. Oder du sitzt vor deinem Laptop an deinem neuen Manuskript, ohne zu wissen, um was es in dem Buch gehen soll. Keine Chance, die passenden Worte zu finden.

Genau so ist es, wenn du ohne klare Werte durchs Leben gehst. Konsequenz: **Du fühlst dich oft verloren. Unser Ziel?** Wir gehen deinen Werten auf den Grund und finden heraus, was dir wichtig ist und für was du stehst. Alles in Kombination mit der Morgenroutine. Du wirst schnell merken, dass diese Themen wie ein Zahnrad ineinander greifen.

Warum Werte der Kompass deines Lebens sind.

Die Theorie

Du hast dir auf den letzten beiden Seiten gedacht: **Was wollen die von mir?** Und bisher noch nie groß über deine Werte nachgedacht? **Kein Problem.** Hier kommen 10 Fragen, um deine Werte zu definieren.

Denke über die Fragen nach und finde deine individuellen Antworten. Wenn du dich deeper mit dem Thema auseinandersetzen willst, notiere die Antworten in deinem Handy oder nutze die freien Seiten am Ende unseres Journals.

10 Fragen an dich:

1. Was begeistert mich im Leben?
2. Wofür stehe ich morgens gerne auf?
3. Worüber diskutiere ich nicht?
4. Was bringt mich zum Lächeln?
5. Was macht mich stolz?
6. Wie möchte ich, dass andere mich sehen?
7. Was ist meine größte Leidenschaft?
8. Was sind meine Stärken?
9. Was ist mein „Warum" im Leben?
10. Wo will ich in fünf Jahren sein?

Was Werte sind:
- Dein innerer Kompass
- Deine Rüstung im Alltag

Was sie dir bringen:
- Selbstbewusstsein
- Stressresistenz

Die Praxis

Finde deine Richtung und fokussiere deine Ziele.

Der Werte-Check

Schritt 1:
Suche dir aus den folgenden Werten die heraus, die für dich zählen. **Kreise ein.**

Schritt 2:
Bring Ordnung rein. **Priorität 1,2 oder 3.**

1 - sehr wichtig
2 - wichtig
3 - von Bedeutung, aber nicht bestimmend

[ ] 1. EHRLICHKEIT
[ ] 2. LOYALITÄT
[ ] 3. RESPEKT
[ ] 4. VERANTWORTUNG
[ ] 5. FAMILIE
[ ] 6. FREUNDSCHAFT
[ ] 7. LIEBE
[ ] 8. SELBSTLIEBE
[ ] 9. MUT
[ ] 10. GEMEINSCHAFT
[ ] 11. FREIHEIT
[ ] 12. SPIRITUALITÄT
[ ] 13. SICHERHEIT
[ ] 14. VERTRAUEN
[ ] 15. ANERKENNUNG
[ ] 16. ABENTEUERLUST
[ ] 17. SELBSTSTÄNDIGKEIT
[ ] 18. NEUGIER
[ ] 19. SPASS
[ ] 20. KREATIVITÄT
[ ] 21. BILDUNG
[ ] 22. FLEXIBILITÄT
[ ] 23. INTEGRITÄT
[ ] 24. GEDULD
[ ] 25. HUMOR
[ ] 26. GERECHTIGKEIT
[ ] 27. FRIEDEN
[ ] 28. ABENTEUER
[ ] 29. SELBSTENTWICKLUNG
[ ] 30. GESUNDHEIT

Die Praxis

FEHLEN DIR WERTE IN DER ÜBERSICHT? ERGÄNZE SIE HIER.

Schritt 3: Focus und Reduce!

Anstatt alles auf einmal anzupacken, zoomen wir auf das Wichtigste. Wie im Gym: Wir starten nicht mit den schwersten Gewichten, sondern steigern uns step by step.

Schritt 4: Deine Top 5

Jetzt wird's intensiv! Welche 5 Werte sind unverzichtbar in deinem Leben, wie der Ohrwurm, den du nicht mehr loswirst und auf repeat hörst?

DEINE TOP 5

NUN KENNST DU DEINE WERTE. JETZT ARBEITEN WIR DAMIT.

CRYSE & MELODIE

Die Praxis

Da es auf den vorherigen Seiten etwas wild zuging und es ziemlich viel Input war, sorgen wir an diesem Punkt noch einmal für Klarheit.

Deine Top 5 auf einem Blick! Schreibe deine Top 5 noch einmal auf. Die Pyramide ist dein Reminder, sollte dir einmal der Überblick fehlen.

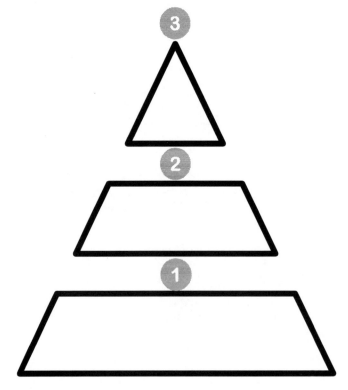

1 – **Sehr wichtig**
2 – **Wichtig**
3 – **Von Bedeutung, aber nicht bestimmend**

☐ Routinen
☐ Werte
☐ Siege
☐ Mindset
☐ Zeitmanagement
☐ Freestyle

Tag 15

Was wollen die jetzt mit der Routine, ging es nicht eben um Werte?

Damit du deine guten Gewohnheiten beibehältst, starten wir jeden Tag mit dem Check deiner Morgenroutine. Neues Element: Werte-Check und Focus.
Ready?

Morgenroutine Checkliste: Starte deinen Tag wie ein Gewinner!

☐ Dein Startschuss - der Wecker   ☐ Durchatmen

☐ Hydration   ☐ Klare Ziele

☐ Relax   ☐ Gewinneroutfit

☐ Dehnen   ☐ Digital Detox

☐ Frühstück   ☐ Egopush

Daily Werte-Check:

Bestimme deinen Wert des Tages. Denke daran: Es geht nicht darum, den „krassesten" Wert zu wählen, sondern den, der gerade deine aktuelle Stimmung oder dein Ziel widerspiegelt.
Beispiel: Authentizität - Echt sein, ohne Fake-Moves

Zeile des Tages: Ein Gedanke oder Ziel, das zu meinem Wert des Tages passt.
Beispiel: On fire! Fühle ich mich heute 100% real und im Einklang mit meinem wahren Ich.

☐ Routinen
☐ **Werte**
☐ Siege
☐ Mindset
☐ Zeitmanagement
☐ Freestyle

Tag 16

Was wollen die jetzt mit der Routine, ging es nicht eben um Werte?
Damit du deine guten Gewohnheiten beibehältst, starten wir jeden Tag mit dem Check deiner Morgenroutine. Neues Element: Werte-Check und Focus.
Ready?

Morgenroutine Checkliste: Starte deinen Tag wie ein Gewinner!

☐ Dein Startschuss - der Wecker
☐ Hydration
☐ Relax
☐ Dehnen
☐ Frühstück

☐ Durchatmen
☐ Klare Ziele
☐ Gewinneroutfit
☐ Digital Detox
☐ Egopush

Daily Werte-Check:

Bestimme deinen Wert des Tages. Denke daran: Es geht nicht darum, den „krassesten" Wert zu wählen, sondern den, der gerade deine aktuelle Stimmung oder dein Ziel widerspiegelt.
Beispiel: Dankbarkeit

....
....

Zeile des Tages: Ein Gedanke oder Ziel, das zu meinem Wert des Tages passt.
Beispiel: Ich schätze heute besonders die kleinen Dinge im Leben.

....
....
....

☐ **Routinen**
☐ **Werte**
☐ **Siege**
☐ **Mindset**
☐ **Zeitmanagement**
☐ **Freestyle**

Tag 17

Morgenroutine Checkliste: Starte deinen Tag wie ein Gewinner!

☐ Dein Startschuss - der Wecker   ☐ Durchatmen

☐ Hydration   ☐ Klare Ziele

☐ Relax   ☐ Gewinneroutfit

☐ Dehnen   ☐ Digital Detox

☐ Frühstück   ☐ Egopush

Daily Werte-Check:

Bestimme deinen Wert des Tages. Denke daran: Es geht nicht darum, den „krassesten" Wert zu wählen, sondern den, der gerade deine aktuelle Stimmung oder dein Ziel widerspiegelt.
Beispiel: Kreativität!

....

....

Zeile des Tages: Ein Gedanke oder Ziel, das zu meinem Wert des Tages passt.
Beispiel: Ich erschaffe Neues mit Leichtigkeit!

....

....

....

Schon 17 Tage dabei! Zieh weiter durch. Extra Motivation findest du auf unseren Social-Media-Kanälen!

BONUS-Challenge

Morning-Boost-Routine:

Was ist das Erste, was du morgens machst? Gibt es noch Luft nach oben?

Notieren - umsetzen!

☐ **Routinen**
☐ **Werte**
☐ Siege
☐ Mindset
☐ Zeitmanagement
☐ Freestyle

Tag 18

Morgenroutine Checkliste: Starte deinen Tag wie ein Gewinner!

☐ Dein Startschuss - der Wecker
☐ Hydration
☐ Relax
☐ Dehnen
☐ Frühstück

☐ Durchatmen
☐ Klare Ziele
☐ Gewinneroutfit
☐ Digital Detox
☐ Egopush

Daily Werte-Check:

Bestimme deinen Wert des Tages. Denke daran: Es geht nicht darum, den „krassesten" Wert zu wählen, sondern den, der gerade deine aktuelle Stimmung oder dein Ziel widerspiegelt.
Beispiel: Entschlossenheit

....
....
....

Zeile des Tages: Ein Gedanke oder Ziel, das zu meinem Wert des Tages passt.
Beispiel: Egal was passiert, ich lasse mich heute nicht von meinem Weg abbringen.

....
....
....

Beispiel:
Herausforderung: Schreibblockade.

Positiver Switch:
Kreative Pause = Akku aufladen. Tag für Inspiration nutzen.

> **BONUS-Challenge**
> **Positiver Switch:**
>
> Denk an eine Herausforderung von heute, die dich stresst.
>
> **Denke um!** Positive Formulierung der Herausforderung.

☐ **Routinen**
☐ **Werte**
☐ Siege
☐ Mindset
☐ Zeitmanagement
☐ Freestyle

Tag 19

Morgenroutine Checkliste: Starte deinen Tag wie ein Gewinner!

☐ Dein Startschuss - der Wecker ☐ Durchatmen
☐ Hydration ☐ Klare Ziele
☐ Relax ☐ Gewinneroutfit
☐ Dehnen ☐ Digital Detox
☐ Frühstück ☐ Egopush

Daily Werte-Check:

Bestimme deinen Wert des Tages. Denke daran: Es geht nicht darum, den „krassesten" Wert zu wählen, sondern den, der gerade deine aktuelle Stimmung oder dein Ziel widerspiegelt.
Beispiel: Mitgefühl

....

....

Zeile des Tages: Ein Gedanke oder Ziel, das zu meinem Wert des Tages passt.
Beispiel: Heute nehme ich mir Zeit, um mich um die Bedürfnisse anderer zu kümmern.

....

....

> **BONUS-Challenge**
> **Weekly Goals:**
>
> Notiere ein Ziel, das du bis zum Ende der Woche erreichen möchtest.
>
> **Mach's konkret!**

☐ **Routinen**
☐ **Werte**
☐ Siege
☐ Mindset
☐ Zeitmanagement
☐ Freestyle

Tag 20

Morgenroutine Checkliste: Starte deinen Tag wie ein Gewinner!

☐ Dein Startschuss - der Wecker
☐ Hydration
☐ Relax
☐ Dehnen
☐ Frühstück
☐ Durchatmen
☐ Klare Ziele
☐ Gewinneroutfit
☐ Digital Detox
☐ Egopush

Daily Werte-Check:

Bestimme deinen Wert des Tages. Denke daran: Es geht nicht darum, den „krassesten" Wert zu wählen, sondern den, der gerade deine aktuelle Stimmung oder dein Ziel widerspiegelt.
Beispiel: Gelassenheit

....
....
....

Zeile des Tages: Ein Gedanke oder Ziel, das zu meinem Wert des Tages passt.
Beispiel: Inmitten des Chaos bewahre ich Ruhe und lasse mich nicht aus der Fassung bringen.

....
....
....

> **BONUS-Challenge**
>
> **Quick Werte-Check:**
>
> Schreib drei Dinge auf, die du heute getan hast, die mit einem deiner Top 5 Werte übereinstimmt.

☐ **Routinen**
☐ **Werte**
☐ Siege
☐ Mindset
☐ Zeitmanagement
☐ Freestyle

Tag 21

Morgenroutine Checkliste: Starte deinen Tag wie ein Gewinner!

☐ Dein Startschuss - der Wecker
☐ Hydration
☐ Relax
☐ Dehnen
☐ Frühstück

☐ Durchatmen
☐ Klare Ziele
☐ Gewinneroutfit
☐ Digital Detox
☐ Egopush

Daily Werte-Check:

Bestimme deinen Wert des Tages. Denke daran: Es geht nicht darum, den „krassesten" Wert zu wählen, sondern den, der gerade deine aktuelle Stimmung oder dein Ziel widerspiegelt.
Beispiel: Fokus

....
....

Zeile des Tages: Ein Gedanke oder Ziel, das zu meinem Wert des Tages passt.
Beispiel: Meine Konzentration ist heute unschlagbar, und ich erreiche alles, was ich mir vorgenommen habe.

....
....

BONUS-Challenge
Quick Werte-Check:

Schreib drei Dinge auf, die du heute getan hast, die mit einem deiner Top 5 Werte übereinstimmt.

Woche 3/12 ✓

Booooom!

Du bist schon drei Wochen dabei! Respekt an dich.

Du hast die Weichen gestellt, bist motiviert und fokussiert, durch deine persönlichen Werte. Deine Ziele werden immer greifbarer! Perfekt.

Check mal, was du jetzt schon draufhast:

- Morgenroutine? Check.
- Deine Werte? Klar formuliert. Sie pushen dich jeden Tag näher an deine Ziele.
- Zeitmanagement? Läuft parallel, weil du jeden Tag Zeit in dich investierst. Sei es durch unser Buch oder die Bonus-Challenges.

Das alles beschleunigt die Erreichung deiner Ziele, stärkt dein Selbstvertrauen und pusht dein Ego. Stell dir vor, wie sich das anfühlt, wenn du 12 Wochen durchgezogen hast! Krasser Gedanke, oder?

Feiere dich und gönne dir heute etwas Gutes! Klopfe dir ruhig selbst auf die Schulter, denn du bist on fire.

☐ **Routinen**
☐ **Werte**
☐ Siege
☐ Mindset
☐ Zeitmanagement
☐ Freestyle

Tag 22

Morgenroutine Checkliste: Starte deinen Tag wie ein Gewinner!

☐ Dein Startschuss - der Wecker
☐ Hydration
☐ Relax
☐ Dehnen
☐ Frühstück

☐ Durchatmen
☐ Klare Ziele
☐ Gewinneroutfit
☐ Digital Detox
☐ Egopush

Daily Werte-Check:

Bestimme deinen Wert des Tages. Denke daran: Es geht nicht darum, den „krassesten" Wert zu wählen, sondern den, der gerade deine aktuelle Stimmung oder dein Ziel widerspiegelt.
Beispiel: Mut

....
....

Zeile des Tages: Ein Gedanke oder Ziel, das zu meinem Wert des Tages passt.
Beispiel: Ich überwinde meine Ängste und gehe heute mutig voran.

....
....

> **BONUS-Challenge**
> **Chaos Challenge:**
>
> Setze einen Timer und räume in 5 Minuten den Bereich um dich herum auf.

☐ **Routinen**
☐ **Werte**
☐ Siege
☐ Mindset
☐ Zeitmanagement
☐ Freestyle

Tag 23

Morgenroutine Checkliste: Starte deinen Tag wie ein Gewinner!

☐ Dein Startschuss - der Wecker   ☐ Durchatmen
☐ Hydration   ☐ Klare Ziele
☐ Relax   ☐ Gewinneroutfit
☐ Dehnen   ☐ Digital Detox
☐ Frühstück   ☐ Egopush

Daily Werte-Check:

Bestimme deinen Wert des Tages. Denke daran: Es geht nicht darum, den „krassesten" Wert zu wählen, sondern den, der gerade deine aktuelle Stimmung oder dein Ziel widerspiegelt.
Beispiel: Resilienz

....
....
....

Zeile des Tages: Ein Gedanke oder Ziel, das zu meinem Wert des Tages passt.
Beispiel: Trotz Herausforderungen stehe ich heute wieder auf und gehe gestärkt aus jeder Situation hervor.

....
....
....

BONUS-Challenge

Quick Fit-Check:

5 Übungen - 5 Minuten
1 Minute Liegestütze,
1 Minute Kniebeugen
1 Minute Burkes
1 Minute Planks
1 Minute Situps

☐ Routinen
☐ **Werte**
☐ Siege
☐ Mindset
☐ Zeitmanagement
☐ Freestyle

Tag 24

Morgenroutine Checkliste: Starte deinen Tag wie ein Gewinner!

☐ Dein Startschuss - der Wecker
☐ Hydration
☐ Relax
☐ Dehnen
☐ Frühstück

☐ Durchatmen
☐ Klare Ziele
☐ Gewinneroutfit
☐ Digital Detox
☐ Egopush

Daily Werte-Check:

Bestimme deinen Wert des Tages. Denke daran: Es geht nicht darum, den „krassesten" Wert zu wählen, sondern den, der gerade deine aktuelle Stimmung oder dein Ziel widerspiegelt.
Beispiel: Selbstakzeptanz

....
....
....

Zeile des Tages: Ein Gedanke oder Ziel, das zu meinem Wert des Tages passt.
Beispiel: Heute akzeptiere ich mich so, wie ich bin.

....
....
....

> Lazy Days und Probleme den Fokus zu halten? Nimm dir Druck raus! Quick Reiminder: Es geht nicht um Perfektion, sondern darum, dass du dran bleibst und an dir arbeitest! Damit bist du krasser als die Meisten.

BONUS-Challenge
Reading:

Recherchiere 5 Minuten über Bücher, deren Themen dich interessieren und kaufe dir eins davon. **Lies es.**

☐ **Routinen**
☐ **Werte**
☐ Siege
☐ Mindset
☐ Zeitmanagement
☐ Freestyle

Tag 25

Morgenroutine Checkliste: Starte deinen Tag wie ein Gewinner!

☐ Dein Startschuss - der Wecker
☐ Hydration
☐ Relax
☐ Dehnen
☐ Frühstück

☐ Durchatmen
☐ Klare Ziele
☐ Gewinneroutfit
☐ Digital Detox
☐ Egopush

Daily Werte-Check:

Bestimme deinen Wert des Tages. Denke daran: Es geht nicht darum, den „krassesten" Wert zu wählen, sondern den, der gerade deine aktuelle Stimmung oder dein Ziel widerspiegelt.
Beispiel: Freude

....

....

....

Zeile des Tages: Ein Gedanke oder Ziel, das zu meinem Wert des Tages passt.
Beispiel: Ich finde Freude in den kleinen Momenten des Tages

....

....

....

> **BONUS-Challenge**
> **Ballast beseitigen:**
>
> Sortiere ind 5 Minuten so viele alte Dokumente wie möglich. Entsorge, was du nichtmehr brauchst.

☐ Routinen
☐ Werte
☐ Siege
☐ Mindset
☐ Zeitmanagement
☐ Freestyle

 Tag 26

Morgenroutine Checkliste: Starte deinen Tag wie ein Gewinner!

☐ Dein Startschuss - der Wecker
☐ Hydration
☐ Relax
☐ Dehnen
☐ Frühstück

☐ Durchatmen
☐ Klare Ziele
☐ Gewinneroutfit
☐ Digital Detox
☐ Egopush

Daily Werte-Check:

Bestimme deinen Wert des Tages. Denke daran: Es geht nicht darum, den „krassesten" Wert zu wählen, sondern den, der gerade deine aktuelle Stimmung oder dein Ziel widerspiegelt.
Beispiel: Geduld

....
....
....

Zeile des Tages: Einen Satz der deinen Wert und deine Gedanken dazu beschreibt.
Beispiel: Ich gebe den Dingen Zeit und vertraue darauf, dass alles zum richtigen Zeitpunkt passiert!

....
....

Extra Motivation notwenig?
Check unser Insta und TikTok.
Fragen oder Gedanken, die du
mit uns teilen willst? Schreib uns!

#12Wochenzumerfolg
#crysemelodie

BONUS-Challenge
Quick Werte-Check:

Schreib drei Dinge auf, die du heute getan hast, die mit einem deiner Top 5 Werte übereinstimmt.

☐ **Routinen**
☐ **Werte**
☐ Siege
☐ Mindset
☐ Zeitmanagement
☐ Freestyle

Tag 27

Morgenroutine Checkliste: Starte deinen Tag wie ein Gewinner!

☐ Dein Startschuss - der Wecker
☐ Hydration
☐ Relax
☐ Dehnen
☐ Frühstück

☐ Durchatmen
☐ Klare Ziele
☐ Gewinneroutfit
☐ Digital Detox
☐ Egopush

Daily Werte-Check:

Bestimme deinen Wert des Tages. Denke daran: Es geht nicht darum, den „krassesten" Wert zu wählen, sondern den, der gerade deine aktuelle Stimmung oder dein Ziel widerspiegelt.
Beispiel: Achtsamkeit

....

....

....

Zeile des Tages: Ein Gedanke oder Ziel, das zu meinem Wert des Tages passt.
Beispiel: Ich praktiziere täglich Achtsamkeitsübungen, um im Hier und Jetzt präsent zu sein.

....

....

....

BONUS-Challenge
Frische Luft:

Mach einen mind. 10-minütigen Spaziergang. Lasse dein Handy im Auto oder zu Hause.

☐ **Routinen**
☐ **Werte**
☐ Siege
☐ Mindset
☐ Zeitmanagement
☐ Freestyle

 Tag 28

Morgenroutine Checkliste: Starte deinen Tag wie ein Gewinner!

☐ Dein Startschuss - der Wecker
☐ Hydration
☐ Relax
☐ Dehnen
☐ Frühstück

☐ Durchatmen
☐ Klare Ziele
☐ Gewinneroutfit
☐ Digital Detox
☐ Egopush

Daily Werte-Check:

Bestimme deinen Wert des Tages. Denke daran: Es geht nicht darum, den „krassesten" Wert zu wählen, sondern den, der gerade deine aktuelle Stimmung oder dein Ziel widerspiegelt.
Beispiel: Großzügigkeit

....
....
....

Zeile des Tages: Ein Gedanke oder Ziel, das zu meinem Wert des Tages passt.
Beispiel: Ich teile meine Ressourcen und Zeit gerne mit anderen.

....
....
....

> **BONUS-Challenge**
> **News-Time:**
>
> Lies 5 Minuten über aktuelle politische und wirtschaftliche Themen.

> Denke nicht so viel über das Scheitern nach, sondern stelle dir vor, wie dein Leben sein wird, wenn du deine Ziele erreicht hast.
>
> *Melodie*

Was deine Ziele mit positivem Denken zu tun haben, erfährst du jetzt!

Die Theorie

3. Ein neuer Horizont - Ziele & Mindset

Willkommen zurück, Freunde!

4 Wochen. Sei ehrlich, hast du am Anfang geglaubt, dass du so lange durchziehst? Egal, wie deine Antwort auf diese Frage lautet - jetzt bist du hier und kannst verdammt stolz auf dich sein! Du bist auf dem besten Weg, deine Ziele zu erreichen, weniger gestresst zu sein und dich persönlich auf das nächste Level zu bringen. Dafür verdienst du unseren Respekt.

Jeder einzelne Tag ist ein weiterer Schritt nach vorn und jeder Morgen eine neue Gelegenheit, deine Ziele greifbar zu machen.

Ein Drittel des Weges ist geschafft.
Zeit, den nächsten Schritt zu gehen. Der Prolog liegt hinter dir, jetzt schreiben wir die Kapitel.

Was deine Ziele mit positivem Denken zu tun haben, erfährst du jetzt!

Die Theorie

3. Ein neuer Horizont - Ziele & Mindset

Dein Masterplan

1. **Vom Traum zum Ziel:** Jeder große Erfolg startet mit einem Traum. Formuliere diesen in klare Ziele und plane deinen Weg dorthin.
2. **Positives Denken als Antrieb:** Unsere Gedanken prägen unsere Realität. Positives Denken überwindet Zweifel und öffnet Türen.
3. **Realisierung des Ziels:** Das Ziel weist den Weg, unsere Handlungen bringen uns dorthin. Mit Entschlossenheit wird der Traum zur Realität.

Ziele und Mindset, wie passt das zusammen? Hier kommt die Antwort:

Positives Denken ist mehr als Optimismus; Es ist der Motor auf dem Weg zu unseren Zielen. Ein solches Mindset beeinflusst nicht nur unsere Wahrnehmung, sondern auch die Realität, die wir gestalten.

Was deine Ziele mit positivem Denken zu tun haben, erfährst du jetzt!

Die Theorie

Hier sind fünf Vorteile eines positiven Mindsets, die euch inspirieren werden, dieses Kapitel mit voller Motivation zu bearbeiten:

1. **Resilienz:** Es fördert Widerstandsfähigkeit und sieht Herausforderungen als Chancen.
2. **Kreativität:** Es öffnet uns für innovative Lösungswege.
3. **Energie:** Es steigert Motivation und Antrieb.
4. **Entscheidungsstärke:** Es unterstützt klügere Entscheidungen.
5. **Anziehungskraft:** Es zieht Unterstützer und Chancen an.

Überzeugt?
Dann legen wir direkt los und setzen uns mit deinen Zielen auseinander! Wir haben Bock drauf.

Melodie + Cryse

Die Praxis

Auf dem Weg zu deinen konkreten Zielen Schritt für Schritt.

Zunächst einmal solltest du dir folgende Fragen stellen, um für mehr Klarheit in deinem Leben zu sorgen. Sie dienen dazu, deine Ziele später klar und deutlich zu formulieren.

Fragen für mehr Klarheit:

Lebe ich das Leben, was ich wirklich leben möchte?

_____
_____
_____

Passt das zu mir? (Job, Freunde, Beziehung, Wohnung?)

_____
_____
_____

So zufrieden bin ich aktuell mit meinem Leben:

Die Praxis

The Big Picture! Bringe deine Gedanken aufs Papier.

Jetzt geht es darum, einen groben Überblick zu erhalten, wo du hin willst und was deine Visionen für deine Zukunft sind.
Lets go!

Mein Leben in 10 Jahren:

Mein Leben in 5 Jahren:

Mein Leben in den nächsten Monaten:

Mein Leben in den nächsten Wochen:

Mein Leben heute:

Die Praxis

Ziele definieren wie ein Profi: Der SMARTe Weg! Die Vision und das Big Picture stehen. Jetzt werden klare Ziele festgelegt.

Hey Gewinner!
Deine Ziele sind noch nicht greifbar, weil du zu sehr daran zweifelst, dass sie Realität werden können? Kein Ding. Wir beseitigen deine Zweifel und machen dich Schritt für Schritt zum Gewinner!

Was sind SMARTe Ziele?

S - Spezifisch:
Sei präzise! „Ich will fit werden", ist zu vage. „Ich möchte 10 Kilometer in unter 50 Minuten laufen", ist spezifisch.

M - Messbar:
Wie wirst du wissen, dass du dein Ziel erreicht hast? "Ich möchte jeden Monat 2 Bücher lesen" gibt dir eine klare Messlatte.

A - Attraktiv (oder auch erreichbar):
Dein Ziel sollte dich begeistern, aber auch realistisch sein. Setze dir Ziele, die dich herausfordern, aber nicht überfordern.

R - Relevant:
Warum ist dieses Ziel wichtig für dich? Wenn es mit deinen Werten und langfristigen Ambitionen übereinstimmt, wirst du motivierter sein, darauf hinzuarbeiten.

T - Terminiert:
Setze ein klares Enddatum. "Ich möchte bis Ende des Jahres 5 kg abnehmen" gibt dir einen klaren Zeitrahmen.

Die Praxis

Ziele definieren wie ein Profi: Der SMARTe Weg!

Kurz und knapp:

- **Denke groß, aber sei präzise!** Was ist das Hauptziel, das du in den nächsten Monaten erreichen möchtest?
- **Mache es messbar!** Wie wirst du deinen Fortschritt messen?
- **Stelle sicher, dass es dich antreibt!** Ist es herausfordernd genug? Ist es machbar?
- **Reflektiere die Relevanz!** Warum möchtest du dieses Ziel erreichen? Wie passt es zu dem, was du im Leben willst?
- **Setz einen Termin!** Bis wann möchtest du dein Ziel erreicht haben?

Erinnere dich immer daran: Der Weg zum Ziel beginnt mit dem ersten Schritt. Und durch das **SMART**e Definieren deiner Ziele machst du diesen ersten Schritt nach vorn und in die richtige Richtung.

Die Praxis

Ready? Hier ist Raum für deine SMARTen Ziele!

Spezifisch Was genau möchte ich erreichen?		**S**
Messbar Wie kann ich meinen Fortschritt messen?		**M**
Attraktiv Ist das Ziel erreichbar?		**A**
Relevant Warum ist das Ziel wichtig für mich?		**R**
Terminiert Bis wann möchte ich das Ziel erreicht haben?		**T**

Die Praxis

Jetzt kennst du deine Ziele und denkst dir vielleicht: Wie soll ich das alles erreichen? Ganz einfach! Nicht alles auf einmal, sondern nach und nach.
Trust the process!

Wähle im Folgenden deine **6 wichtigsten Ziele** für die kommenden **8 Wochen** aus. (Sollten Themenbereiche für dich nicht relevant sein, lasse sie aus). Nutze dein Vision-Board.

Meine Ziele in den kommenden 8 Wochen:

Job:
Geld:
Privat:

Fitness:
Reisen:
Mindset:

> Praxistipp:
> Um deine Ziele jeden Tag vor Augen zu haben, suche dir passende Bilder, drucke sie aus und platziere sie an einem Ort, an dem du sie jeden Tag siehst! Das sorgt für extra Motivation.

Die Praxis

Glückwunsch! Nachdem du dich nun intensiv mit deinen Zielen auseinandergesetzt hast und ein echter Profi in diesem Gebiet bist, starten wir in die nächsten 14 Tage voller Action.
Du kennst den Ablauf bereits.
Zu der Routine und deinen Werten gesellen sich nun deine Ziele. Die täglichen Bonus-Challenges bleiben natürlich bestehen. Damit alles übersichtlich bleibt, gibt es ab sofort immer eine Doppelseite für einen Tag.

Viel Erfolg auf deinem Weg nach ganz oben, Gewinner.

☐ Routinen
☐ Werte
☐ Siege
☐ Mindset
☐ Zeitmanagement
☐ Freestyle

Tag 29

Morgenroutine Checkliste: Starte deinen Tag wie ein Gewinner!

☐ Dein Startschuss - der Wecker
☐ Hydration
☐ Relax
☐ Dehnen
☐ Frühstück

☐ Durchatmen
☐ Klare Ziele
☐ Gewinneroutfit
☐ Digital Detox
☐ Egopush

Daily Werte-Check:

Bestimme deinen Wert des Tages. Denke daran: Es geht nicht darum, den „krassesten" Wert zu wählen, sondern den, der gerade deine aktuelle Stimmung oder dein Ziel widerspiegelt.

....
....

Zeile des Tages: Ein Gedanke oder Ziel, das zu meinem Wert des Tages passt.

....
....
....

BONUS-Challenge
Energie-Express:

Mache 5 Minuten schnelle Körperübungen wie Jumping Jacks, High Knees oder Armkreisen.

☐ **Routinen**
☐ **Werte**
☐ **Siege**
☐ Mindset
☐ Zeitmanagement
☐ Freestyle

Tag 29

BESTEHENDES ZIEL

....
....
....

**GOAL PROGRESS:
WIE NAH BIST DU
DEINEM ZIEL BEREITS?**

100%

0%

KONKRETE SCHRITTE ZUM ZIEL

WAS TUST DU HEUTE DAFÜR, UM DEIN ZIEL ZU ERREICHEN?

Frage des Tages:

WARUM IST MIR DIESES ZIEL WICHTIG?

Durch das Verstehen deiner tieferen Motivation kannst du Hindernisse leichter überwinden und bleibst langfristig engagiert.

....
....

☐ **Routinen**
☐ **Werte**
☐ **Siege**
☐ Mindset
☐ Zeitmanagement
☐ Freestyle

Tag 30

Morgenroutine Checkliste: Starte deinen Tag wie ein Gewinner!

☐ Dein Startschuss - der Wecker
☐ Hydration
☐ Relax
☐ Dehnen
☐ Frühstück

☐ Durchatmen
☐ Klare Ziele
☐ Gewinneroutfit
☐ Digital Detox
☐ Egopush

Daily Werte-Check:

Bestimme deinen Wert des Tages. Denke daran: Es geht nicht darum, den „krassesten" Wert zu wählen, sondern den, der gerade deine aktuelle Stimmung oder dein Ziel widerspiegelt.

....
....

Zeile des Tages: Ein Gedanke oder Ziel, das zu meinem Wert des Tages passt.

....
....
....

BONUS-Challenge

One Thing:

Notiere eine kleine Herausforderung, die du heute meistern möchtest und stelle sie in den Vordergrund.

☐ **Routinen**
☐ **Werte**
☐ **Siege**
☐ **Mindset**
☐ **Zeitmanagement**
☐ **Freestyle**

BESTEHENDES ZIEL

....

....

....

GOAL PROGRESS:
WIE NAH BIST DU
DEINEM ZIEL BEREITS?

100%

0%

KONKRETE SCHRITTE ZUM ZIEL

WAS TUST DU HEUTE DAFÜR, UM DEIN ZIEL ZU ERREICHEN?

Frage des Tages:

WAS WIRD SICH IN MEINEM LEBEN VERÄNDERN, WENN ICH DIESES ZIEL ERREICHE?

Visualisiere die positiven Auswirkungen deines Ziels, um eine klare Vorstellung von deinem "Warum" zu bekommen.

....

....

☐ **Routinen**
☐ **Werte**
☐ **Siege**
☐ **Mindset**
☐ **Zeitmanagement**
☐ **Freestyle**

Tag 31

Morgenroutine Checkliste: Starte deinen Tag wie ein Gewinner!

☐ Dein Startschuss - der Wecker
☐ Hydration
☐ Relax
☐ Dehnen
☐ Frühstück

☐ Durchatmen
☐ Klare Ziele
☐ Gewinneroutfit
☐ Digital Detox
☐ Egopush

Daily Werte-Check:

Bestimme deinen Wert des Tages. Denke daran: Es geht nicht darum, den „krassesten" Wert zu wählen, sondern den, der gerade deine aktuelle Stimmung oder dein Ziel widerspiegelt.

....

....

....

Zeile des Tages: Ein Gedanke oder Ziel, das zu meinem Wert des Tages passt.

....

....

....

BONUS-Challenge

Power-Session:

Sag dir 10x laut, warum du dein Ziel erreichen wirst!

☐ **Routinen**
☐ **Werte**
☐ **Siege**
☐ Mindset
☐ Zeitmanagement
☐ Freestyle

 Tag 31

BESTEHENDES ZIEL

....

....

....

**GOAL PROGRESS:
WIE NAH BIST DU
DEINEM ZIEL BEREITS?**

100%

0%

KONKRETE SCHRITTE ZUM ZIEL

WAS TUST DU HEUTE DAFÜR, UM DEIN ZIEL ZU ERREICHEN?

Frage des Tages:

**WELCHE RESSOURCEN ODER UNTERSTÜTZUNG
BENÖTIGE ICH, UM MEIN ZIEL ZU ERREICHEN?**

Egal ob es sich um Wissen, Werkzeuge oder Menschen handelt – identifiziere, was du benötigst, um deinem Ziel näher zu kommen.

....

....

☐ **Routinen**
☐ **Werte**
☐ **Siege**
☐ Mindset
☐ Zeitmanagement
☐ Freestyle

Tag 32

Morgenroutine Checkliste: Starte deinen Tag wie ein Gewinner!

☐ Dein Startschuss - der Wecker
☐ Hydration
☐ Relax
☐ Dehnen
☐ Frühstück

☐ Durchatmen
☐ Klare Ziele
☐ Gewinneroutfit
☐ Digital Detox
☐ Egopush

Daily Werte-Check:

Bestimme deinen Wert des Tages. Denke daran: Es geht nicht darum, den „krassesten" Wert zu wählen, sondern den, der gerade deine aktuelle Stimmung oder dein Ziel widerspiegelt.

....
....

Zeile des Tages: Ein Gedanke oder Ziel, das zu meinem Wert des Tages passt.

....
....

BONUS-Challenge
The power of Music:

10 Minuten Musik auf die Ohren, dazu ab ans Fenster oder vor die Tür und frische Luft tanken.

☐ **Routinen**
☐ **Werte**
☐ **Siege**
☐ Mindset
☐ Zeitmanagement
☐ Freestyle

Tag 32

BESTEHENDES ZIEL

....

....

....

GOAL PROGRESS:
WIE NAH BIST DU
DEINEM ZIEL BEREITS?

100%

0%

KONKRETE SCHRITTE ZUM ZIEL

WAS TUST DU HEUTE DAFÜR, UM DEIN ZIEL ZU ERREICHEN?

Frage des Tages:

WAS SIND DIE POTENZIELLEN HINDERNISSE, DIE MIR IM WEG STEHEN KÖNNTEN?

Durch das Erkennen von Hindernissen kannst du Lösungsstrategien entwickeln.

....

....

☐ Routinen
☐ Werte
☐ Siege
☐ Mindset
☐ Zeitmanagement
☐ Freestyle

Tag 33

Morgenroutine Checkliste: Starte deinen Tag wie ein Gewinner!

☐ Dein Startschuss - der Wecker
☐ Hydration
☐ Relax
☐ Dehnen
☐ Frühstück

☐ Durchatmen
☐ Klare Ziele
☐ Gewinneroutfit
☐ Digital Detox
☐ Egopush

Daily Werte-Check:

Bestimme deinen Wert des Tages. Denke daran: Es geht nicht darum, den „krassesten" Wert zu wählen, sondern den, der gerade deine aktuelle Stimmung oder dein Ziel widerspiegelt.

....
....

Zeile des Tages: Ein Gedanke oder Ziel, das zu meinem Wert des Tages passt.

....
....

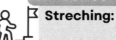

Streching:

Stehe auf, strecke und dehne deinen Körper für 5 Minuten. Fokus auf Nacken, Schultern und Rücken.

☐ **Routinen**
☐ **Werte**
☐ **Siege**
☐ **Mindset**
☐ **Zeitmanagement**
☐ **Freestyle**

Tag 33

BESTEHENDES ZIEL

....

....

....

GOAL PROGRESS:
WIE NAH BIST DU
DEINEM ZIEL BEREITS?

100%

0%

KONKRETE SCHRITTE ZUM ZIEL

WAS TUST DU HEUTE DAFÜR, UM DEIN ZIEL ZU ERREICHEN?

Frage des Tages:

WIE WERDE ICH MEINEN FORTSCHRITT MESSEN?

Setze Meilensteine oder Benchmarks, um deinen Fortschritt regelmäßig zu überprüfen und gegebenenfalls Anpassungen vorzunehmen.

....

....

☐ **Routinen**
☐ **Werte**
☐ **Siege**
☐ Mindset
☐ Zeitmanagement
☐ Freestyle

Tag 34

Morgenroutine Checkliste: Starte deinen Tag wie ein Gewinner!

☐ Dein Startschuss - der Wecker
☐ Hydration
☐ Relax
☐ Dehnen
☐ Frühstück

☐ Durchatmen
☐ Klare Ziele
☐ Gewinneroutfit
☐ Digital Detox
☐ Egopush

Daily Werte-Check:

Bestimme deinen Wert des Tages. Denke daran: Es geht nicht darum, den „krassesten" Wert zu wählen, sondern den, der gerade deine aktuelle Stimmung oder dein Ziel widerspiegelt.

....

....

Zeile des Tages: Ein Gedanke oder Ziel, das zu meinem Wert des Tages passt.

....

....

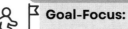

Goal-Focus:

Schreibe in 5 Minuten 3 kleine Aktionsschritte auf, die dich deinem Hauptziel näherbringen.

☐ **Routinen**
☐ **Werte**
☐ **Siege**
☐ Mindset
☐ Zeitmanagement
☐ Freestyle

Tag 34

BESTEHENDES ZIEL

....

....

....

GOAL PROGRESS:
WIE NAH BIST DU
DEINEM ZIEL BEREITS?

100%

0%

KONKRETE SCHRITTE ZUM ZIEL

WAS TUST DU HEUTE DAFÜR, UM DEIN ZIEL ZU ERREICHEN?

Frage des Tages:

WIE WERDE ICH MICH BELOHNEN, WENN ICH TEILETAPPEN MEINES ZIELS ERREICHT HABE?

Durch das Feiern kleiner Erfolge erhöhst du deine Motivation und anerkennst deinen Fortschritt auf dem Weg zum Hauptziel.

....

....

☐ **Routinen**
☐ **Werte**
☐ **Siege**
☐ Mindset
☐ Zeitmanagement
☐ Freestyle

Tag 35

Morgenroutine Checkliste: Starte deinen Tag wie ein Gewinner!

☐ Dein Startschuss - der Wecker
☐ Hydration
☐ Relax
☐ Dehnen
☐ Frühstück

☐ Durchatmen
☐ Klare Ziele
☐ Gewinneroutfit
☐ Digital Detox
☐ Egopush

Daily Werte-Check:

Bestimme deinen Wert des Tages. Denke daran: Es geht nicht darum, den „krassesten" Wert zu wählen, sondern den, der gerade deine aktuelle Stimmung oder dein Ziel widerspiegelt.

Zeile des Tages: Ein Gedanke oder Ziel, das zu meinem Wert des Tages passt.

BONUS-Challenge
Power-Pose:

Stelle dich 5 Minuten lang in eine „Power-Pose" (z. B. Hände in die Hüften, Brust heraus). Das steigert dein Selbstbewusstsein.

☐ **Routinen**
☐ **Werte**
☐ **Siege**
☐ Mindset
☐ Zeitmanagement
☐ Freestyle

Tag 35

BESTEHENDES ZIEL

....

....

....

GOAL PROGRESS:
WIE NAH BIST DU
DEINEM ZIEL BEREITS?

100%

0%

KONKRETE SCHRITTE ZUM ZIEL

WAS TUST DU HEUTE DAFÜR, UM DEIN ZIEL ZU ERREICHEN?

Frage des Tages:

WELCHE FÄHIGKEITEN MUSS ICH STÄRKEN, UM MEIN ZIEL ZU ERREICHEN?

Selbstentwicklung ist der Schlüssel. Erkenne, welche Qualitäten dir helfen, effizienter voranzukommen.

....

....

Woche 5/12 ✓

Auf dem Weg zur Halbzeit!

Hey du! Stop mal kurz und atme tief durch. **5 Wochen** liegen schon hinter dir. 5 Wochen, in denen du dran bleibst und hart an dir arbeitest. **Mega!**

Das **Fundament** ist mittlerweile echt stabil! Langsam ist es an der Zeit, darauf aufzubauen.

Das hast du schon erreicht:
- Du hast deine Ziele definiert und visualisiert
- Du hast dich mit deinen Werten auseinandergesetzt, die den Grundstein für alles legen, was du tust, und für das, was du im Leben erreichen möchtest
- Du hast die Power einer effektiven Morgenroutine erlebt.
- Eine Routine, die dich stärkt, motiviert und deinen Tag prägt, gebildet

Quick Reminder: Falls du das Gefühl hast, dass noch nicht alles rund läuft oder perfekt ist – das ist völlig okay. Perfektion ist nicht das Ziel, sondern Fortschritt. Jeder von uns hat sein eigenes Tempo, und das ist gut so! **Du bist genau da, wo du sein solltest.**

Gib Gas, bleib authentisch und erinnere dich immer wieder daran: Dein Potenzial ist grenzenlos, wenn du an dich glaubst.

Und was ist, wenn es doch funktioniert...?
Tausche deine Zweifel gegen einen Versuch.

☐ **Routinen**
☐ **Werte**
☐ **Siege**
☐ Mindset
☐ Zeitmanagement
☐ Freestyle

Tag 36

Morgenroutine Checkliste: Starte deinen Tag wie ein Gewinner!

☐ Dein Startschuss - der Wecker ☐ Durchatmen
☐ Hydration ☐ Klare Ziele
☐ Relax ☐ Gewinneroutfit
☐ Dehnen ☐ Digital Detox
☐ Frühstück ☐ Egopush

Daily Werte-Check:

Bestimme deinen Wert des Tages. Denke daran: Es geht nicht darum, den „krassesten" Wert zu wählen, sondern den, der gerade deine aktuelle Stimmung oder dein Ziel widerspiegelt.

Zeile des Tages: Ein Gedanke oder Ziel, das zu meinem Wert des Tages passt.

BONUS-Challenge

Wissens-Check:

1. Warum ist es wichtig, klare Ziele zu definieren?
A. Damit man immer beschäftigt ist.
B. Um eine Richtung im Leben zu haben und fokussiert zu bleiben.
C. Weil es andere tun.

☐ **Routinen**
☐ **Werte**
☐ **Siege**
☐ Mindset
☐ Zeitmanagement
☐ Freestyle

Tag 36

BESTEHENDES ZIEL

....
....
....

GOAL PROGRESS:
WIE NAH BIST DU
DEINEM ZIEL BEREITS?

100%

0%

KONKRETE SCHRITTE ZUM ZIEL

WAS TUST DU HEUTE DAFÜR, UM DEIN ZIEL ZU ERREICHEN?

Frage des Tages:

MIT WEM KANN ICH ÜBER MEINE ZIELE SPRECHEN, UM FEEDBACK ZU ERHALTEN?

Externe Meinungen können dir helfen, blinde Flecken zu erkennen und dir einen umfassenderen Überblick über deinen Weg zu verschaffen.

....
....

☐ Routinen
☐ Werte
☐ Siege
☐ Mindset
☐ Zeitmanagement
☐ Freestyle

Tag 37

Morgenroutine Checkliste: Starte deinen Tag wie ein Gewinner!

☐ Dein Startschuss - der Wecker
☐ Hydration
☐ Relax
☐ Dehnen
☐ Frühstück

☐ Durchatmen
☐ Klare Ziele
☐ Gewinneroutfit
☐ Digital Detox
☐ Egopush

Daily Werte-Check:

Bestimme deinen Wert des Tages. Denke daran: Es geht nicht darum, den „krassesten" Wert zu wählen, sondern den, der gerade deine aktuelle Stimmung oder dein Ziel widerspiegelt.

....

....

Zeile des Tages: Ein Gedanke oder Ziel, das zu meinem Wert des Tages passt.

....

....

BONUS-Challenge

Wissens-Check:

2. Welche Methode hilft dabei, Ziele greifbar zu machen?
A. Die VAGE Methode.
B. Die FAST Methode.
C. Die SMART Methode.

☐ **Routinen**
☐ **Werte**
☐ **Siege**
☐ Mindset
☐ Zeitmanagement
☐ Freestyle

Tag 37

BESTEHENDES ZIEL

....

....

....

GOAL PROGRESS:
WIE NAH BIST DU
DEINEM ZIEL BEREITS?

100%

0%

KONKRETE SCHRITTE ZUM ZIEL

WAS TUST DU HEUTE DAFÜR, UM DEIN ZIEL ZU ERREICHEN?

Frage des Tages:

WIE KANN ICH AUF KURS BLEIBEN, AUCH WENN DAS LEBEN UNVORHERSEHBARE WENDUNGEN NIMMT?

Strategien zur Anpassungsfähigkeit und Beständigkeit sind entscheidend, um auch in schwierigen Zeiten fokussiert zu bleiben.

....

....

☐ **Routinen**
☐ **Werte**
☐ **Siege**
☐ Mindset
☐ Zeitmanagement
☐ Freestyle

Tag 38

Morgenroutine Checkliste: Starte deinen Tag wie ein Gewinner!

☐ Dein Startschuss - der Wecker
☐ Hydration
☐ Relax
☐ Dehnen
☐ Frühstück

☐ Durchatmen
☐ Klare Ziele
☐ Gewinneroutfit
☐ Digital Detox
☐ Egopush

Daily Werte-Check:

Bestimme deinen Wert des Tages. Denke daran: Es geht nicht darum, den „krassesten" Wert zu wählen, sondern den, der gerade deine aktuelle Stimmung oder dein Ziel widerspiegelt.

....
....
....

Zeile des Tages: Ein Gedanke oder Ziel, das zu meinem Wert des Tages passt.

....
....
....

BONUS-Challenge

Wissens-Check:

3. Was ist ein entscheidender Faktor, um dranzubleiben, auch wenn es schwierig wird?
A. Ein neues Ziel suchen.
B. Sein 'Warum' zu kennen.
C. Ablenken und abwarten.

☐ **Routinen**
☐ **Werte**
☐ **Siege**
☐ Mindset
☐ Zeitmanagement
☐ Freestyle

BESTEHENDES ZIEL

....

....

....

GOAL PROGRESS:
WIE NAH BIST DU
DEINEM ZIEL BEREITS?

100%

0%

KONKRETE SCHRITTE ZUM ZIEL

WAS TUST DU HEUTE DAFÜR, UM DEIN ZIEL ZU ERREICHEN?

Frage des Tages:

WAS HAT MICH BISHER VON DER ERREICHUNG DIESES ZIELS ABGEHALTEN?

Durch die Auseinandersetzung mit vergangenen Hürden kannst du zukünftige Herausforderungen besser meistern und von vergangenen Erfahrungen lernen.

....

....

☐ **Routinen**
☐ **Werte**
☐ **Siege**
☐ Mindset
☐ Zeitmanagement
☐ Freestyle

Tag 39

Morgenroutine Checkliste: Starte deinen Tag wie ein Gewinner!

☐ Dein Startschuss - der Wecker
☐ Hydration
☐ Relax
☐ Dehnen
☐ Frühstück

☐ Durchatmen
☐ Klare Ziele
☐ Gewinneroutfit
☐ Digital Detox
☐ Egopush

Daily Werte-Check:

Bestimme deinen Wert des Tages. Denke daran: Es geht nicht darum, den „krassesten" Wert zu wählen, sondern den, der gerade deine aktuelle Stimmung oder dein Ziel widerspiegelt.

....

....

Zeile des Tages: Ein Gedanke oder Ziel, das zu meinem Wert des Tages passt.

....

....

BONUS-Challenge

Wissens-Check:

4. Wie oft solltest du den Fortschritt deiner Ziele überprüfen?
A. Nur am Jahresende.
B. Bei Bedarf, aber regelmäßig, z. B. monatlich.
C. Nur wenn jemand danach fragt.

☐ **Routinen**
☐ **Werte**
☐ **Siege**
☐ **Mindset**
☐ **Zeitmanagement**
☐ **Freestyle**

Tag 39

BESTEHENDES ZIEL

....

....

....

**GOAL PROGRESS:
WIE NAH BIST DU
DEINEM ZIEL BEREITS?**

100%

0%

KONKRETE SCHRITTE ZUM ZIEL

WAS TUST DU HEUTE DAFÜR, UM DEIN ZIEL ZU ERREICHEN?

Frage des Tages:

WIE WERDE ICH MIT SELBSTZWEIFELN ODER NEGATIVEN GEDANKEN UMGEHEN?

Ein Plan für mentale Herausforderungen stärkt deine psychische Widerstandsfähigkeit und hält dich auch in schwierigen Momenten auf Kurs.

....

....

☐ **Routinen**
☐ **Werte**
☐ **Siege**
☐ Mindset
☐ Zeitmanagement
☐ Freestyle

Tag 40

Morgenroutine Checkliste: Starte deinen Tag wie ein Gewinner!

☐ Dein Startschuss - der Wecker
☐ Hydration
☐ Relax
☐ Dehnen
☐ Frühstück

☐ Durchatmen
☐ Klare Ziele
☐ Gewinneroutfit
☐ Digital Detox
☐ Egopush

Daily Werte-Check:

Bestimme deinen Wert des Tages. Denke daran: Es geht nicht darum, den „krassesten" Wert zu wählen, sondern den, der gerade deine aktuelle Stimmung oder dein Ziel widerspiegelt.

....
....

Zeile des Tages: Ein Gedanke oder Ziel, das zu meinem Wert des Tages passt.

....
....

BONUS-Challenge
Wissens-Check:

5. Wie gehst du am besten mit Rückschlägen um?
A. Aufgeben und ein neues Ziel finden.
B. Sie als Lernchancen betrachten und weitermachen.
C. Ignorieren und hoffen, dass sie verschwinden.

☐ Routinen
☐ Werte
☐ Siege
☐ Mindset
☐ Zeitmanagement
☐ Freestyle

Tag 40

BESTEHENDES ZIEL

....
....
....

GOAL PROGRESS:
WIE NAH BIST DU
DEINEM ZIEL BEREITS?

100%

0%

KONKRETE SCHRITTE ZUM ZIEL

WAS TUST DU HEUTE DAFÜR, UM DEIN ZIEL ZU ERREICHEN?

Frage des Tages:

WIE WERDE ICH MIT KRITIK ODER MISSERFOLGEN UMGEHEN?

Ein stabiles Mindset hilft dir, Rückschläge als Chancen zu sehen und stärkt deine Entschlossenheit auf dem Weg zu deinem Ziel.

....
....

☐ Routinen
☐ Werte
☐ Siege
☐ Mindset
☐ Zeitmanagement
☐ Freestyle

Tag 41

Morgenroutine Checkliste: Starte deinen Tag wie ein Gewinner!

☐ Dein Startschuss - der Wecker
☐ Hydration
☐ Relax
☐ Dehnen
☐ Frühstück

☐ Durchatmen
☐ Klare Ziele
☐ Gewinneroutfit
☐ Digital Detox
☐ Egopush

Daily Werte-Check:

Bestimme deinen Wert des Tages. Denke daran: Es geht nicht darum, den „krassesten" Wert zu wählen, sondern den, der gerade deine aktuelle Stimmung oder dein Ziel widerspiegelt.

Zeile des Tages: Ein Gedanke oder Ziel, das zu meinem Wert des Tages passt.

Wissens-Check:

6. Welche Rolle spielt positives Denken beim Erreichen von Zielen?

A. Es ist nutzlos und hat keinen Effekt.
B. Es stärkt das Selbstwertgefühl
C. Es ist nur nützlich, wenn ich mit anderen darüber spreche.

☐ **Routinen**
☐ **Werte**
☐ **Siege**
☐ **Mindset**
☐ **Zeitmanagement**
☐ **Freestyle**

Tag 41

BESTEHENDES ZIEL

....

....

....

GOAL PROGRESS:
WIE NAH BIST DU
DEINEM ZIEL BEREITS?

100%

0%

KONKRETE SCHRITTE ZUM ZIEL

WAS TUST DU HEUTE DAFÜR, UM DEIN ZIEL ZU ERREICHEN?

Frage des Tages:

WER IN MEINEM UMFELD VERKÖRPERT BEREITS, WAS ICH ERREICHEN WILL?

Vorbilder und Mentoren können wertvolle Leitlinien und Motivation bieten, indem du ihre Erfahrungen und Weisheiten teilst.

....

....

☐ **Routinen**
☐ **Werte**
☐ **Siege**
☐ Mindset
☐ Zeitmanagement
☐ Freestyle

Tag 42

Morgenroutine Checkliste: Starte deinen Tag wie ein Gewinner!

☐ Dein Startschuss - der Wecker
☐ Hydration
☐ Relax
☐ Dehnen
☐ Frühstück

☐ Durchatmen
☐ Klare Ziele
☐ Gewinneroutfit
☐ Digital Detox
☐ Egopush

Daily Werte-Check:

Bestimme deinen Wert des Tages. Denke daran: Es geht nicht darum, den „krassesten" Wert zu wählen, sondern den, der gerade deine aktuelle Stimmung oder dein Ziel widerspiegelt.

Zeile des Tages: Ein Gedanke oder Ziel, das zu meinem Wert des Tages passt.

Wissens-Check:

7. Wie wichtig ist es, ein unterstützendes Umfeld zu haben, wenn man seine Ziele verfolgt?

A. Es ist irrelevant.
B. Es ist wichtig, da sie Motivation, Unterstützung und Feedback bieten können.
C. Nur wichtig, wenn die Gruppe aus Experten besteht.

Lösungen zum Wissens-Check:

1. B; 2. C; 3. B; 4. B; 5. B; 6. B; 7. B

☐ **Routinen**
☐ **Werte**
☐ **Siege**
☐ **Mindset**
☐ **Zeitmanagement**
☐ **Freestyle**

Tag 42

BESTEHENDES ZIEL

....

....

....

GOAL PROGRESS:
WIE NAH BIST DU
DEINEM ZIEL BEREITS?

100%

0%

KONKRETE SCHRITTE ZUM ZIEL

WAS TUST DU HEUTE DAFÜR, UM DEIN ZIEL ZU ERREICHEN?

Frage des Tages:

WELCHE ROUTINEN SOLLTE ICH MIR ANEIGNEN, UM MEINE ZIELE ZU ERREICHEN?

Gewohnheiten bilden das Fundament für nachhaltigen Erfolg und Fortschritt.

....

....

Woche 6/12 ✓

Wow!

Halbzeit und du bist immer noch dabei. Wie läuft es aktuell? Merkst du bereits die ersten Veränderungen? Hast du mehr Zeit für deine Hobbys und deine Leidenschaft? Bist du fitter, hast öfter einen klaren Kopf und startest motivierter und energiegeladen in den Tag?

Ganz ehrlich, King oder Queen, wenn du auch nur eine einzige dieser Fragen mit einem klaren **JA** beantworten kannst, bist du auf dem richtigen Weg. Und keine Sorge, wir haben noch 6 Wochen vor uns, um weiter daran zu arbeiten.

Du fühlst dich manchmal lost und hast Tage, an denen du alles anzweifelst und dir nicht mehr sicher bist, warum du das hier eigentlich machst?

Blättere zurück an den Anfang des Journals. Auf Seite **15** findest du dein **WARUM**. Es hilft dir, deinen Fokus wiederzufinden. Deine Werte sind ebenfalls nützlich, denn mit ihnen hast du die Richtung vorgegeben, in die du in Zukunft gehen möchtest, wer du sein willst und wie du von außen gesehen werden willst. Auf Seite **41** ist deine **Wertepyramide**. Checke sie noch einmal aus, damit dir wieder klar wird, was dir wichtig ist.

Woche 6/12 ✓

Sollte das alles nicht helfen, ist das kein Grund aufzugeben!

Checke unser Instagram oder TikTok für extra Motivation.

Schreib uns gerne, wenn du bei einem konkreten Thema nicht weiterkommst oder Unterstützung brauchst. Wir freuen uns auch sehr, wenn du deine Erfolge mit uns teilst.

Wenn es einmal schnell gehen muss, findest du im Anhang unseren **Notfallplan**, der dich rettet, wenn ein Tag mal so richtig mies läuft.

Sei stolz auf dich und gönne dir heute eine Belohnung!
Teile sie mit uns unter:
#crysemelodie
#12wochenzumerfolg

Wir sind gespannt, wie ihr euren Erfolg feiert!

Tief durchatmen und im Anschluss mit Kickstart ins nächste Kapitel!

Wir haben Bock darauf.
Melodie & Cryse

Mindset

> "Egal wie spät man, ich bleibe Nächte wach und liefer Qualität ab und verbanne alles, was mich je gequält hat.
>
> *Cryse*
> *Ambivalent*"

Mit dem richtigen Mindset ganz nach oben!

Die Theorie

4. Dein Mindset

Ein Thema, das leider immer noch viel zu häufig in den Hintergrund gedrängt wird, obwohl es der Schlüssel zum Erfolg ist.

Wir leben in einer Zeit und Welt, in der wir grenzenlose Möglichkeiten haben, uns immer wieder neu definieren und ausprobieren zu können. Das ist toll, kann aber auch sehr anstrengend werden.
Ein stabiles Mindset unterstützt dich in dem Meer aus Möglichkeiten, nicht in einen Strudel zu geraten, der dich herunterzieht, sondern einen klaren Weg zu finden und auf deiner eigenen Welle in Richtung Erfolg zu surfen.

Bist du selbst positiv und kennst deinen Weg, ziehst du Möglichkeiten und weitere positive Menschen und Ereignisse in dein Leben. Siehst du hingegen alles düster und wolkenverhangen, wirst du eher Raum für weitere negative Dinge in deinem Leben bieten, denn dein Fokus liegt genau darauf: Auf Negativität.
Klingt logisch, oder?

Hier setzen wir an!

Mit dem richtigen Mindset ganz nach oben!

Die Theorie

4. Dein Mindset

Wir beide wissen nur zu gut, wie es sich anfühlt, gegen den Strom zu schwimmen, aus regulären Strukturen auszubrechen, um seine Träume zu verfolgen und die persönlichen Ziele zu verwirklichen.

Das kostet **Kraft und Mut**. Um diese Energie aufzubringen, arbeiten wir selbst jeden Tag hart an unserer inneren Stärke und unserem Mindset.

Auf den folgenden Seiten geben wir dir nützliche Tools an die Hand, die dich stärken und den Grundstein für ein stabiles Mindset liefern.

Lasst uns gemeinsam umdenken und einen Raum für das Positive in deinem Leben schaffen.

Was dein Mindset mit deinen Werten, Routinen und Zielen zu tun hat, erfährst du jetzt!

Die Theorie

4. Dein Mindset

Vorteile und Zusammenhang auf einem Blick:

Thema Zielerreichung:
- Ein positives Mindset stärkt dein Selbstvertrauen.
- Du kannst Hindernisse leichter überwinden, ohne deine Ziele aus den Augen zu verlieren.
- Du wirst Misserfolge als Lernchancen sehen.
- Bei Schwierigkeiten suchst du Lösungen und neue Strategien, anstatt aufzugeben.

Thema Werte:
- Ein positives Mindset erleichtert das Leben nach deinen eigenen Werten.
- In dir wächst dadurch täglich die Überzeugung, dass ein Leben nach deinen Werten **realisierbar ist.**

Was dein Mindset mit deinen Werten, Routinen und Zielen zu tun hat, erfährst du jetzt!

Die Theorie

4. Dein Mindset

Thema Routinen:
- Ein positives Mindset steigert deine Motivation, was das Durchziehen deiner Routinen erleichtert und deine Disziplin stärkt
- Eine solide Routine stimmt dich positiv, da du weniger Stress im Alltag hast, was wiederum Zeit und Energie freisetzt, um deine Ziele zu erreichen

Boom!

Du siehst, alle Themen des Journals greifen ineinander und machen dich täglich stärker, bis du unbesiegbar wirst.

Genug Theorie und ab in die Praxis!

Die Praxis

Wo stehst du aktuell?

Beantworte die folgenden Fragen.

Welche Gedanken steuern aktuell dein Handeln?
Sind sie eher positiv oder negativ?

WAS DOMINIERT DEINE DEINE AKTUELLE DENKWEISE?

Was bremst dich aus?
Gibt es Gedanken, die dich daran hindern, deine Ziele zu erreichen?

WELCHE BARRIEREN BREMSEN DICH?

Raus aus dem negativen Denken!
Die Praxis

Sehr gut!

Du hast deine aktuelle Denkweise analysiert, jetzt arbeiten wir damit. Ziel: **Negative Gedanken auflösen und Fokus auf das Positive.**

SITUATION

Was genau ist das Problem?

....

....

....

AUSWIRKUNGEN

Welche negativen Folgen hat dieses Problem für dich?

....

....

URSACHEN

Was sind die möglichen Ursachen des Problems?

....

....

LÖSUNGEN

Welche Strategien gibt es, um dieses Problem anzugehen?

....

....

UMSETZUNG

Wie wirst du vorgehen, um die gewählte Lösung umzusetzen?

....

....

....

....

....

Raus aus dem negativen Denken!
Die Praxis

Wichtig!

Reflektiere dein Vorgehen. Vielleicht war dein Lösungsansatz noch nicht optimal und du hängst fest. **Kein Problem.**

Stelle dir die folgenden Fragen:

Gibt es weitere Strategien oder andere Lösungswege?

Welche konkreten Schritte (Aktionsplan erstellen!!)
sind notwendig, um das Problem zu beseitigen?

ALTERNATIVE LÖSUNGSWEGE

....
....
....
....

AKTIONSPLAN: KONKRETE SCHRITTE

....
....
....
....

☐ Routinen
☐ Werte
☐ Siege
☐ Mindset
☐ Zeitmanagement
☐ Freestyle

Tag 43

Morgenroutine Checkliste: Starte deinen Tag wie ein Gewinner!

☐ Dein Startschuss - der Wecker ☐ Durchatmen
☐ Hydration ☐ Klare Ziele
☐ Relax ☐ Gewinneroutfit
☐ Dehnen ☐ Digital Detox
☐ Frühstück ☐ Egopush

Daily Werte-Check:

Bestimme deinen Wert des Tages. Denke daran: Es geht nicht darum, den „krassesten" Wert zu wählen, sondern den, der gerade deine aktuelle Stimmung oder dein Ziel widerspiegelt.

....

....

....

Zeile des Tages: Ein Gedanke oder Ziel, das zu meinem Wert des Tages passt.

....

....

....

BESTEHENDES ZIEL

....

....

....

☐ Routinen
☐ Werte
☐ Siege
☐ Mindset
☐ Zeitmanagement
☐ Freestyle

Tag 43

KONKRETE SCHRITTE ZUM ZIEL

....

....

....

Frage des Tages:
WAS IST MEIN PRIMÄRES ZIEL FÜR DIESEN MONAT UND WARUM IST ES WICHTIG FÜR MICH?

....

....

....

Mindset:
Um dein Denken umzustrukturieren und alte Verhaltensmuster zu überwinden, werden wir in den kommenden 14 Tagen jeden Tag einen negativen Gedanken in einen positiven umwandeln. Zusätzlich erhältst du täglich eine neue Übung, die dich zum Umdenken anregt und dein positives Mindset stärkt.

Bsp: Ich kann das nicht!   *Bsp: Ich werde es lernen.*

NEGATIVER GEDANKE	POSITIVER GEDANKE

Übung des Tages:
Erinnere dich an einen Moment, der dich heute zum Lächeln gebracht hat. Was war der Grund dafür?

....

....

....

☐ **Routinen**
☐ **Werte**
☐ **Siege**
☐ **Mindset**
☐ Zeitmanagement
☐ Freestyle

Tag 44

Morgenroutine Checkliste: Starte deinen Tag wie ein Gewinner!

☐ Dein Startschuss - der Wecker ☐ Durchatmen

☐ Hydration ☐ Klare Ziele

☐ Relax ☐ Gewinneroutfit

☐ Dehnen ☐ Digital Detox

☐ Frühstück ☐ Egopush

Daily Werte-Check:

Bestimme deinen Wert des Tages. Denke daran: Es geht nicht darum, den „krassesten" Wert zu wählen, sondern den, der gerade deine aktuelle Stimmung oder dein Ziel widerspiegelt.

....

....

Zeile des Tages: Ein Gedanke oder Ziel, das zu meinem Wert des Tages passt.

....

....

....

| BESTEHENDES ZIEL |

....

....

....

☐ **Routinen**
☐ **Werte**
☐ **Siege**
☐ **Mindset**
☐ Zeitmanagement
☐ Freestyle

Tag 44

KONKRETE SCHRITTE ZUM ZIEL

....

....

....

Frage des Tages:
MIT WELCHEM NEUEN THEMA MÖCHTE ICH MICH HEUTE MINDESTENS 15 MINUTEN AUSEINANDERSETZEN, UM ETWAS NEUES ZU LERNEN?

....

....

....

Mindset:
Um dein Denken umzustrukturieren und alte Verhaltensmuster zu überwinden, werden wir in den kommenden 14 Tagen jeden Tag einen negativen Gedanken in einen positiven umwandeln. Zusätzlich erhältst du täglich eine neue Übung, die dich zum Umdenken anregt und dein positives Mindset stärkt.

Bsp: Das ist zu schwierig   *Bsp: Das wird eine Herausforderung sein auf die ich mich freue, denn ich werde wachsen!*

NEGATIVER GEDANKE	➡	POSITIVER GEDANKE

Übung des Tages:
Erinnere dich an einen Moment, der dich heute zum Lächeln gebracht hat. Was war der Grund dafür?

....

....

....

☐ **Routinen**
☐ **Werte**
☐ **Siege**
☐ **Mindset**
☐ Zeitmanagement
☐ Freestyle

 Tag 45

Morgenroutine Checkliste: Starte deinen Tag wie ein Gewinner!

☐ Dein Startschuss - der Wecker   ☐ Durchatmen

☐ Hydration   ☐ Klare Ziele

☐ Relax   ☐ Gewinneroutfit

☐ Dehnen   ☐ Digital Detox

☐ Frühstück   ☐ Egopush

Daily Werte-Check:

Bestimme deinen Wert des Tages. Denke daran: Es geht nicht darum, den „krassesten" Wert zu wählen, sondern den, der gerade deine aktuelle Stimmung oder dein Ziel widerspiegelt.

....

....

....

Zeile des Tages: Ein Gedanke oder Ziel, das zu meinem Wert des Tages passt.

....

....

....

BESTEHENDES ZIEL

....

....

....

☐ **Routinen**
☐ **Werte**
☐ **Siege**
☐ **Mindset**
☐ Zeitmanagement
☐ Freestyle

Tag 45

KONKRETE SCHRITTE ZUM ZIEL

....

....

Frage des Tages:
WELCHE HINDERNISSE KÖNNTEN MICH HEUTE VON MEINEM ZIEL ABHALTEN UND WIE KANN ICH SIE ÜBERWINDEN?

....

....

....

Mindset:
Um dein Denken umzustrukturieren und alte Verhaltensmuster zu überwinden, werden wir in den kommenden 14 Tagen jeden Tag einen negativen Gedanken in einen positiven umwandeln. Zusätzlich erhältst du täglich eine neue Übung, die dich zum Umdenken anregt und dein positives Mindset stärkt.

Bsp: Ich mache immer Fehler.

Bsp: Ich lerne aus jedem Fehler und verbessere mich dadurch.

NEGATIVER GEDANKE	➡	POSITIVER GEDANKE

Übung des Tages:
Erinnere dich an einen Moment, der dich heute zum Lächeln gebracht hat. Was war der Grund dafür?

....

....

....

☐ **Routinen**
☐ **Werte**
☐ **Siege**
☐ **Mindset**
☐ Zeitmanagement
☐ Freestyle

Tag 46

Morgenroutine Checkliste: Starte deinen Tag wie ein Gewinner!

☐ Dein Startschuss - der Wecker
☐ Hydration
☐ Relax
☐ Dehnen
☐ Frühstück

☐ Durchatmen
☐ Klare Ziele
☐ Gewinneroutfit
☐ Digital Detox
☐ Egopush

Daily Werte-Check:

Bestimme deinen Wert des Tages. Denke daran: Es geht nicht darum, den „krassesten" Wert zu wählen, sondern den, der gerade deine aktuelle Stimmung oder dein Ziel widerspiegelt.

....

....

....

Zeile des Tages: Ein Gedanke oder Ziel, das zu meinem Wert des Tages passt.

....

....

....

BESTEHENDES ZIEL

....

....

....

☐ Routinen
☐ Werte
☐ Siege
☐ Mindset
☐ Zeitmanagement
☐ Freestyle

Tag 46

KONKRETE SCHRITTE ZUM ZIEL

....

....

Frage des Tages:
WELCHE RESSOURCEN ODER WERKZEUGE BENÖTIGE ICH, UM MEIN ZIEL EFFEKTIVER ZU ERREICHEN?

....

....

Mindset:
Um dein Denken umzustrukturieren und alte Verhaltensmuster zu überwinden, werden wir in den kommenden 14 Tagen jeden Tag einen negativen Gedanken in einen positiven umwandeln. Zusätzlich erhältst du täglich eine neue Übung, die dich zum Umdenken anregt und dein positives Mindset stärkt.

Bsp: Niemand schätzt, was ich tue.

Bsp: Ich weiß was ich kann und mache mich selbst Stolz!

NEGATIVER GEDANKE	POSITIVER GEDANKE

Übung des Tages:
Erinnere dich an einen Moment, der dich heute zum Lächeln gebracht hat. Was war der Grund dafür?

....

....

....

☐ **Routinen**
☐ **Werte**
☐ **Siege**
☐ **Mindset**
☐ Zeitmanagement
☐ Freestyle

Tag 47

Morgenroutine Checkliste: Starte deinen Tag wie ein Gewinner!

☐ Dein Startschuss - der Wecker
☐ Hydration
☐ Relax
☐ Dehnen
☐ Frühstück

☐ Durchatmen
☐ Klare Ziele
☐ Gewinneroutfit
☐ Digital Detox
☐ Egopush

Daily Werte-Check:

Bestimme deinen Wert des Tages. Denke daran: Es geht nicht darum, den „krassesten" Wert zu wählen, sondern den, der gerade deine aktuelle Stimmung oder dein Ziel widerspiegelt.

....
....

Zeile des Tages: Ein Gedanke oder Ziel, das zu meinem Wert des Tages passt.

....
....
....

BESTEHENDES ZIEL

....
....
....

☐ Routinen
☐ Werte
☐ Siege
☐ Mindset
☐ Zeitmanagement
☐ Freestyle

Tag 47

KONKRETE SCHRITTE ZUM ZIEL

....

....

....

Frage des Tages:

WER IN MEINEM UMFELD KANN MICH BEI DER ERREICHUNG MEINES ZIELS UNTERSTÜTZEN?

....

....

....

Mindset:
Um dein Denken umzustrukturieren und alte Verhaltensmuster zu überwinden, werden wir in den kommenden 14 Tagen jeden Tag einen negativen Gedanken in einen positiven umwandeln. Zusätzlich erhältst du täglich eine neue Übung, die dich zum Umdenken anregt und dein positives Mindset stärkt.

Bsp: Es ist zu spät, um etwas zu ändern.

Bsp: Es ist nie zu spät, einen neuen Weg einzuschlagen.

NEGATIVER GEDANKE	POSITIVER GEDANKE

Übung des Tages:
Erinnere dich an einen Moment, der dich heute zum Lächeln gebracht hat. Was war der Grund dafür?

....

....

....

☐ **Routinen**
☐ **Werte**
☐ **Siege**
☐ **Mindset**
☐ Zeitmanagement
☐ Freestyle

Tag 48

Morgenroutine Checkliste: Starte deinen Tag wie ein Gewinner!

☐ Dein Startschuss - der Wecker
☐ Hydration
☐ Relax
☐ Dehnen
☐ Frühstück

☐ Durchatmen
☐ Klare Ziele
☐ Gewinneroutfit
☐ Digital Detox
☐ Egopush

Daily Werte-Check:

Bestimme deinen Wert des Tages. Denke daran: Es geht nicht darum, den „krassesten" Wert zu wählen, sondern den, der gerade deine aktuelle Stimmung oder dein Ziel widerspiegelt.

....

....

....

Zeile des Tages: Ein Gedanke oder Ziel, das zu meinem Wert des Tages passt.

....

....

....

BESTEHENDES ZIEL

....

....

....

☐ Routinen
☐ Werte
☐ Siege
☐ Mindset
☐ Zeitmanagement
☐ Freestyle

Tag 48

KONKRETE SCHRITTE ZUM ZIEL

....

....

....

Frage des Tages:
WELCHER BEREICH DES JOURNALS BEREITET DIR DIE GRÖSSTEN SCHWIERIGKEITEN? WARUM?

....

....

....

Mindset:
Um dein Denken umzustrukturieren und alte Verhaltensmuster zu überwinden, werden wir in den kommenden 14 Tagen jeden Tag einen negativen Gedanken in einen positiven umwandeln. Zusätzlich erhältst du täglich eine neue Übung, die dich zum Umdenken anregt und dein positives Mindset stärkt.

Bsp: Ich werde nie so gut sein wie die anderen.

Bsp: Ich muss nicht wie die anderen werden. Ich will die beste Version von mir selbst sein!

NEGATIVER GEDANKE	POSITIVER GEDANKE

Übung des Tages:
Erinnere dich an einen Moment, der dich heute zum Lächeln gebracht hat. Was war der Grund dafür?

....

....

....

☐ **Routinen**
☐ **Werte**
☐ **Siege**
☐ **Mindset**
☐ Zeitmanagement
☐ Freestyle

Tag 49

Morgenroutine Checkliste: Starte deinen Tag wie ein Gewinner!

☐ Dein Startschuss - der Wecker
☐ Hydration
☐ Relax
☐ Dehnen
☐ Frühstück

☐ Durchatmen
☐ Klare Ziele
☐ Gewinneroutfit
☐ Digital Detox
☐ Egopush

Daily Werte-Check:

Bestimme deinen Wert des Tages. Denke daran: Es geht nicht darum, den „krassesten" Wert zu wählen, sondern den, der gerade deine aktuelle Stimmung oder dein Ziel widerspiegelt.

....
....

Zeile des Tages: Ein Gedanke oder Ziel, das zu meinem Wert des Tages passt.

....
....
....

BESTEHENDES ZIEL

....
....
....

☐ Routinen
☐ Werte
☐ Siege
☐ Mindset
☐ Zeitmanagement
☐ Freestyle

Tag 49

KONKRETE SCHRITTE ZUM ZIEL

....

....

....

Frage des Tages:
WAS HABE ICH DIESE WOCHE GELERNT, DAS MIR HILFT, MEINEM ZIEL NÄHER ZU KOMMEN?

....

....

....

Mindset:
Um dein Denken umzustrukturieren und alte Verhaltensmuster zu überwinden, werden wir in den kommenden 14 Tagen jeden Tag einen negativen Gedanken in einen positiven umwandeln. Zusätzlich erhältst du täglich eine neue Übung, die dich zum Umdenken anregt und dein positives Mindset stärkt.

Bsp: Ich schaffe das sowieso nicht!

Bsp: Ich werde alles dafür tun. (Weiterbildung, Menschen kennenlernen, etc.) um meinem Ziel so nah wie möglich zu kommen!

NEGATIVER GEDANKE	POSITIVER GEDANKE

Übung des Tages:
Erinnere dich an einen Moment, der dich heute zum Lächeln gebracht hat. Was war der Grund dafür?

....

....

....

Woche 7/12 ✓

Herzlichen Glückwunsch zu deiner hervorragenden Arbeit in Woche 7!

Eine Woche, in der du dich intensiv mit dem Thema „Mindset" beschäftigt hast, liegt bereits hinter dir. Sei stolz auf deinen Fortschritt. und bleib weiterhin fokussiert. Du wirst am Ende damit belohnt, dass du deine Ziele erreichst und weniger gestresst durchs Leben gehst!

Zur Motivation für die kommende Woche: 5 Vorteile eines starken Mindsets!

1. **Mehr Selbstvertrauen:** Ein starkes Mindset steigert dein Selbstvertrauen und deine Selbstachtung. Du erkennst dein Potenzial und deine Fähigkeiten.
2. **Stressreduktion:** Positives Denken verringert Stress und fördert Gelassenheit. Du kannst besser mit Herausforderungen umgehen.
3. **Bessere Beziehungen:** Ein positives Mindset ermöglicht es dir, auf eine optimistische und freundliche Weise mit anderen umzugehen, was deine Beziehungen stärkt.
4. **Erfolg und Wachstum:** Ein starkes Mindset ist der Schlüssel zu deinem Erfolg.
5. **Gesundheit und Wohlbefinden:** Positives Denken stärkt dein Immunsystem und erhöht dein allgemeines Wohlbefinden.

Auf in Woche 8!

Raum für deine Gedanken

Datum:

☐ **Routinen**
☐ **Werte**
☐ **Siege**
☐ **Mindset**
☐ **Zeitmanagement**
☐ **Freestyle**

Tag 50

Morgenroutine Checkliste: Starte deinen Tag wie ein Gewinner!

☐ Dein Startschuss - der Wecker
☐ Hydration
☐ Relax
☐ Dehnen
☐ Frühstück

☐ Durchatmen
☐ Klare Ziele
☐ Gewinneroutfit
☐ Digital Detox
☐ Egopush

Daily Werte-Check:

Bestimme deinen Wert des Tages. Denke daran: Es geht nicht darum, den „krassesten" Wert zu wählen, sondern den, der gerade deine aktuelle Stimmung oder dein Ziel widerspiegelt.

....
....

Zeile des Tages: Ein Gedanke oder Ziel, das zu meinem Wert des Tages passt.

....
....

BESTEHENDES ZIEL

....
....
....

☐ Routinen
☐ Werte
☐ Siege
☐ Mindset
☐ Zeitmanagement
☐ Freestyle

Tag 50

KONKRETE SCHRITTE ZUM ZIEL

....

....

....

Frage des Tages:
WELCHE GEWOHNHEITEN KANN ICH ENTWICKELN, UM TÄGLICH KONSEQUENT AN MEINEN ZIELEN ZU ARBEITEN?

....

....

....

Mindset:
Um dein Denken umzustrukturieren und alte Verhaltensmuster zu überwinden, werden wir in den kommenden 14 Tagen jeden Tag einen negativen Gedanken in einen positiven umwandeln. Zusätzlich erhältst du täglich eine neue Übung, die dich zum Umdenken anregt und dein positives Mindset stärkt.

Bsp: Das ist einfach nicht mein Tag.   *Bsp: Jeder Tag hat Höhen und Tiefen, ich werde das Beste daraus machen!*

NEGATIVER GEDANKE	POSITIVER GEDANKE

Übung des Tages:
Erinnere dich an einen Moment, der dich heute zum Lächeln gebracht hat. Was war der Grund dafür?

....

....

....

☐ **Routinen**
☐ **Werte**
☐ **Siege**
☐ **Mindset**
☐ Zeitmanagement
☐ Freestyle

Tag 51

Morgenroutine Checkliste: Starte deinen Tag wie ein Gewinner!

☐ Dein Startschuss - der Wecker
☐ Hydration
☐ Relax
☐ Dehnen
☐ Frühstück

☐ Durchatmen
☐ Klare Ziele
☐ Gewinneroutfit
☐ Digital Detox
☐ Egopush

Daily Werte-Check:

Bestimme deinen Wert des Tages. Denke daran: Es geht nicht darum, den „krassesten" Wert zu wählen, sondern den, der gerade deine aktuelle Stimmung oder dein Ziel widerspiegelt.

....

....

Zeile des Tages: Ein Gedanke oder Ziel, das zu meinem Wert des Tages passt.

....

....

....

BESTEHENDES ZIEL

....

....

....

☐ Routinen
☐ Werte
☐ Siege
☐ Mindset
☐ Zeitmanagement
☐ Freestyle

Tag 51

KONKRETE SCHRITTE ZUM ZIEL

....

....

Frage des Tages:
WIE KANN ICH SICHERSTELLEN, DASS ICH MOTIVIERT BLEIBE, AUCH WENN ES SCHWIERIG WIRD?

....

....

Mindset:
Um dein Denken umzustrukturieren und alte Verhaltensmuster zu überwinden, werden wir in den kommenden 14 Tagen jeden Tag einen negativen Gedanken in einen positiven umwandeln. Zusätzlich erhältst du täglich eine neue Übung, die dich zum Umdenken anregt und dein positives Mindset stärkt.

Bsp: Ich werde das nie verstehen.   *Bsp: Ich brauche etwas mehr Zeit & Fokus, dann werde ich es hinbekommen!*

NEGATIVER GEDANKE	POSITIVER GEDANKE

Übung des Tages:
Erinnere dich an einen Moment, der dich heute zum Lächeln gebracht hat. Was war der Grund dafür?

....

....

☐ **Routinen**
☐ **Werte**
☐ **Siege**
☐ **Mindset**
☐ Zeitmanagement
☐ Freestyle

Tag 52

Morgenroutine Checkliste: Starte deinen Tag wie ein Gewinner!

☐ Dein Startschuss - der Wecker
☐ Hydration
☐ Relax
☐ Dehnen
☐ Frühstück

☐ Durchatmen
☐ Klare Ziele
☐ Gewinneroutfit
☐ Digital Detox
☐ Egopush

Daily Werte-Check:

Bestimme deinen Wert des Tages. Denke daran: Es geht nicht darum, den „krassesten" Wert zu wählen, sondern den, der gerade deine aktuelle Stimmung oder dein Ziel widerspiegelt.

....
....

Zeile des Tages: Ein Gedanke oder Ziel, das zu meinem Wert des Tages passt.

....
....
....

| BESTEHENDES ZIEL |

....
....
....

☐ Routinen
☐ Werte
☐ Siege
☐ Mindset
☐ Zeitmanagement
☐ Freestyle

Tag 52

KONKRETE SCHRITTE ZUM ZIEL

....

....

....

Frage des Tages:
WELCHE ERFOLGE, EGAL WIE KLEIN, HABE ICH BEREITS IN RICHTUNG MEINES ZIELS ERREICHT?

....

....

....

Mindset:
Um dein Denken umzustrukturieren und alte Verhaltensmuster zu überwinden, werden wir in den kommenden 14 Tagen jeden Tag einen negativen Gedanken in einen positiven umwandeln. Zusätzlich erhältst du täglich eine neue Übung, die dich zum Umdenken anregt und dein positives Mindset stärkt.

Bsp: Das ist einfach nicht mein Tag.   *Bsp: Jeder Tag hat Höhen und Tiefen, ich werde das Beste daraus machen!*

NEGATIVER GEDANKE	➡	POSITIVER GEDANKE

Übung des Tages:
Erinnere dich an einen Moment, der dich heute zum Lächeln gebracht hat. Was war der Grund dafür?

....

....

....

☐ **Routinen**
☐ **Werte**
☐ **Siege**
☐ **Mindset**
☐ Zeitmanagement
☐ Freestyle

Tag 53

Morgenroutine Checkliste: Starte deinen Tag wie ein Gewinner!

☐ Dein Startschuss - der Wecker
☐ Hydration
☐ Relax
☐ Dehnen
☐ Frühstück

☐ Durchatmen
☐ Klare Ziele
☐ Gewinneroutfit
☐ Digital Detox
☐ Egopush

Daily Werte-Check:

Bestimme deinen Wert des Tages. Denke daran: Es geht nicht darum, den „krassesten" Wert zu wählen, sondern den, der gerade deine aktuelle Stimmung oder dein Ziel widerspiegelt.

....
....

Zeile des Tages: Ein Gedanke oder Ziel, das zu meinem Wert des Tages passt.

....
....
....

BESTEHENDES ZIEL

....
....
....

☐ Routinen
☐ Werte
☐ Siege
☐ Mindset
☐ Zeitmanagement
☐ Freestyle

Tag 53

KONKRETE SCHRITTE ZUM ZIEL

....

....

Frage des Tages:
WIE KANN ICH MEINE FORTSCHRITTE MESSEN UND WISSEN, DASS ICH AUF DEM RICHTIGEN WEG BIN?

....

....

Mindset:
Um dein Denken umzustrukturieren und alte Verhaltensmuster zu überwinden, werden wir in den kommenden 14 Tagen jeden Tag einen negativen Gedanken in einen positiven umwandeln. Zusätzlich erhältst du täglich eine neue Übung, die dich zum Umdenken anregt und dein positives Mindset stärkt.

Bsp: Alles geht schief.

Bsp: Es gibt immer eine Lösung, ich werde sie suchen und finden!

NEGATIVER GEDANKE	POSITIVER GEDANKE

Übung des Tages:
Erinnere dich an einen Moment, der dich heute zum Lächeln gebracht hat. Was war der Grund dafür?

....

....

....

☐ Routinen
☐ Werte
☐ Siege
☐ Mindset
☐ Zeitmanagement
☐ Freestyle

Tag 54

Morgenroutine Checkliste: Starte deinen Tag wie ein Gewinner!

☐ Dein Startschuss - der Wecker
☐ Hydration
☐ Relax
☐ Dehnen
☐ Frühstück

☐ Durchatmen
☐ Klare Ziele
☐ Gewinneroutfit
☐ Digital Detox
☐ Egopush

Daily Werte-Check:

Bestimme deinen Wert des Tages. Denke daran: Es geht nicht darum, den „krassesten" Wert zu wählen, sondern den, der gerade deine aktuelle Stimmung oder dein Ziel widerspiegelt.

....
....

Zeile des Tages: Ein Gedanke oder Ziel, das zu meinem Wert des Tages passt.

....
....
....

BESTEHENDES ZIEL

....
....
....

☐ Routinen
☐ Werte
☐ Siege
☐ Mindset
☐ Zeitmanagement
☐ Freestyle

Tag 54

KONKRETE SCHRITTE ZUM ZIEL

....

....

....

Frage des Tages:
WAS KANN ICH TUN, UM MEIN ZIEL KLARER UND SPEZIFISCHER ZU DEFINIEREN?

....

....

....

Mindset:
Um dein Denken umzustrukturieren und alte Verhaltensmuster zu überwinden, werden wir in den kommenden 14 Tagen jeden Tag einen negativen Gedanken in einen positiven umwandeln. Zusätzlich erhältst du täglich eine neue Übung, die dich zum Umdenken anregt und dein positives Mindset stärkt.

Bsp: Ich habe Angst vor Veränderungen.

Bsp: Veränderungen bieten mir neue Möglichkeiten und Chancen!

NEGATIVER GEDANKE	POSITIVER GEDANKE

Übung des Tages:
Erinnere dich an einen Moment, der dich heute zum Lächeln gebracht hat. Was war der Grund dafür?

....

....

....

☐ Routinen
☐ Werte
☐ Siege
☐ Mindset
☐ Zeitmanagement
☐ Freestyle

Tag 55

Morgenroutine Checkliste: Starte deinen Tag wie ein Gewinner!

☐ Dein Startschuss - der Wecker
☐ Hydration
☐ Relax
☐ Dehnen
☐ Frühstück

☐ Durchatmen
☐ Klare Ziele
☐ Gewinneroutfit
☐ Digital Detox
☐ Egopush

Daily Werte-Check:

Bestimme deinen Wert des Tages. Denke daran: Es geht nicht darum, den „krassesten" Wert zu wählen, sondern den, der gerade deine aktuelle Stimmung oder dein Ziel widerspiegelt.

....
....

Zeile des Tages: Ein Gedanke oder Ziel, das zu meinem Wert des Tages passt.

....
....
....

BESTEHENDES ZIEL

....
....
....

☐ Routinen
☐ Werte
☐ Siege
☐ Mindset
☐ Zeitmanagement
☐ Freestyle

Tag 55

KONKRETE SCHRITTE ZUM ZIEL

....

....

Frage des Tages:
WELCHES ZIEL HABE ICH IN DEN VERGANGENEN SECHS MONATEN ERREICHT, AUF DAS ICH BESONDERS STOLZ BIN?

....

....

Mindset:
Um dein Denken umzustrukturieren und alte Verhaltensmuster zu überwinden, werden wir in den kommenden 14 Tagen jeden Tag einen negativen Gedanken in einen positiven umwandeln. Zusätzlich erhältst du täglich eine neue Übung, die dich zum Umdenken anregt und dein positives Mindset stärkt.

Bsp: Ich habe heute nichts erreicht!

Bsp: Auch wenn ich heute nicht mein Ziel erreicht habe, bietet mir der morgige Tag eine neue Chance!

NEGATIVER GEDANKE	POSITIVER GEDANKE

Übung des Tages:
Erinnere dich an einen Moment, der dich heute zum Lächeln gebracht hat. Was war der Grund dafür?

....

....

....

☐ **Routinen**
☐ **Werte**
☐ **Siege**
☐ **Mindset**
☐ **Zeitmanagement**
☐ **Freestyle**

Tag 56

Morgenroutine Checkliste: Starte deinen Tag wie ein Gewinner!

☐ Dein Startschuss - der Wecker
☐ Hydration
☐ Relax
☐ Dehnen
☐ Frühstück

☐ Durchatmen
☐ Klare Ziele
☐ Gewinneroutfit
☐ Digital Detox
☐ Egopush

Daily Werte-Check:

Bestimme deinen Wert des Tages. Denke daran: Es geht nicht darum, den „krassesten" Wert zu wählen, sondern den, der gerade deine aktuelle Stimmung oder dein Ziel widerspiegelt.

....

....

Zeile des Tages: Ein Gedanke oder Ziel, das zu meinem Wert des Tages passt.

....

....

....

BESTEHENDES ZIEL

....

....

....

☐ Routinen
☐ Werte
☐ Siege
☐ Mindset
☐ Zeitmanagement
☐ Freestyle

Tag 56

KONKRETE SCHRITTE ZUM ZIEL

....

....

....

Frage des Tages:
WIE KANN ICH DURCH FEHLER ODER RÜCKSCHLÄGE LERNEN UND SIE NUTZEN, UM STÄRKER ZURÜCKZUKOMMEN?

....

....

....

Mindset:
Um dein Denken umzustrukturieren und alte Verhaltensmuster zu überwinden, werden wir in den kommenden 14 Tagen jeden Tag einen negativen Gedanken in einen positiven umwandeln. Zusätzlich erhältst du täglich eine neue Übung, die dich zum Umdenken anregt und dein positives Mindset stärkt.

Bsp: Ich traue mir das nicht zu.

Bsp: Wenn ich an mich glaube, werde ich alles schaffen. Step für Step!

NEGATIVER GEDANKE	POSITIVER GEDANKE

Übung des Tages:
Erinnere dich an einen Moment, der dich heute zum Lächeln gebracht hat. Was war der Grund dafür?

....

....

....

Woche 8/12 ✓

8 Wochen voller Power!

Du hast Woche 8 erfolgreich abgeschlossen, und das ist ein Grund zum Feiern. In den letzten beiden Wochen hast du hart an dir gearbeitet und in deine persönliche Entwicklung investiert, um ein unbesiegbares Mindset zu entwickeln und deine Ziele zu erreichen. Damit bist du schon unglaublich weit vorn und absolut auf dem richtigen Weg.

Falls du jemals das Gefühl hast, in einer Sackgasse zu stecken, oder Unterstützung in einem bestimmten Bereich benötigst, zögere nicht, dich bei uns zu melden. Wir sind hier, um dich zu motivieren und dich auf dem Weg zu deinen Zielen zu begleiten.

Du hast schon unglaublich viel auf deinem Weg gelernt. Jetzt widmen wir uns der Königsdisziplin: Dem Zeitmanagement. Ein Thema, bei dem die meisten zusammenzucken, weil es sofort zu Stress führt. Hier setzen wir an und zeigen die Strategien, um dich aus deinem Dauerstress zu befreien.

Bevor wir uns um die effektive Nutzung deiner Zeit kümmern, kommt noch einmal ein kurzer Reminder, was dein neues Mindset für deine Zukunft bedeutet:

„Ein starkes Mindset macht dich unbesiegbar, denn es gibt dir die Entschlossenheit, niemals aufzugeben, selbst wenn der Weg steinig ist. Du bist auf dem Weg zum Gewinner!"

CRYSE

MELODIE

Zeitmanagement

> "Viele suchen nach dem Gold, doch verpassen dann ihr Leben und schau ihre Zeit weht wie Sand über Gestein."
>
> *Cryse*
> *Hin & Her*

5. Zeitmanagement

Willkommen in Woche 9!

Seien wir einmal ehrlich: Was wäre ein Motivationsjournal ohne das Thema **Zeitmanagement**? Es ist das Element, das uns allen gleichermaßen begegnet und gleichzeitig den großen Unterschied ausmacht.

Kennt ihr Menschen, die scheinbar an zehn Dingen gleichzeitig arbeiten, dabei regelmäßig ins Gym gehen, Freunde treffen und voller Energie sind? Vielleicht kam dir bei der Begegnung mit solchen Personen schon einmal die Frage in den Kopf: **Wie funktioniert das?**
Der Schlüssel heißt: **Effektives Zeitmanagement.** Auch diese Leute haben dieselben 24 Stunden wie du. Sie haben sich jedoch angeeignet und gelernt, wie sie ihre verfügbare Zeit am besten nutzen, ohne wertvolle Energie zu verschwenden und Zeit zu vergeuden.

In diesem Kapitel zeigen wir dir, wie das geht. Es gilt wie bei allem, es gibt nicht den einen richtigen Weg. Finde deinen eigenen. Wir liefern dir die passenden Werkzeuge, die dich unterstützen.

Lass uns direkt starten, um keine Zeit zu verlieren.

Deine Zeit im Griff
Die Theorie

Wir stellen dir auf den folgenden Seiten einige bewährte Modelle aus dem Bereich des Zeitmanagements vor. Wende sie an und suche die Tools heraus, die du optimal in deinen Alltag integrieren kannst.

Wenn du noch fragst, warum die Auseinandersetzung mit dem Thema Zeit wichtig ist, folgt hier eine kurze Erklärung für dich:

Du hast es sicher schon oft gehört: **Zeit ist Geld.** Aber warte einen Moment – lass uns darüber nachdenken, was das wirklich bedeutet. Denn Zeit ist nicht einfach nur Geld; Zeit ist eine kostbare Währung, die du täglich erhältst, um dein Leben zu gestalten.

Stell dir vor, du bekämst jeden Tag eine bestimmte Menge an Geld, aber du könntest dieses Geld nicht sparen oder vermehren. Du könntest es nur ausgeben. Genau so ist es mit der Zeit.

Deine Zeit im Griff
Die Theorie

Du bekommst jeden Tag 24 Stunden, 1.440 Minuten, das entspricht 86.400 Sekunden. Du kannst sie **nie** zurückbekommen, anhalten oder sparen. Zeit ist deine Währung, deine Ressource, dein Vermögen.

Wie du diese Zeit investierst, wird der Unterschied zwischen einem erfüllten, erfolgreichen Leben und einem Leben voller Unzufriedenheit ausmachen.

Leider verschwenden wir unsere wertvolle Zeit viel zu häufig für Dinge, die uns nicht weiterbringen, sondern bremsen und uns unserer Energie berauben. Wer kennt es nicht? Mal eben fünf Minuten Instagram oder TikTok checken, und schon wieder sind 2 Stunden daraus geworden… Eine Folge deiner Lieblingsserie schauen, und zack, sind 4 oder 5 Folgen daraus geworden. Wir wollen nicht sagen, dass es nie in Ordnung ist, diesen Dingen ab und zu nachzugeben. Aber die Dosis macht den Unterschied.

Deine Zeit im Griff
Die Theorie

Um es zu verdeutlichen: Erstelle dir eine Übersicht und schreibe auf der einen Seite zwei Stunden Social Media. Stelle auf der anderen Seite gegenüber, was du alles in zwei Stunden erledigen könntest. Das Ergebnis ist erschreckend und motivierend zugleich.

Wenn du diesen Gedankengang erst einmal verinnerlicht und verstanden hast, ändert sich alles. Denn du wirst automatisch feststellen, was du alles leisten kannst, wenn du deine Zeit effektiv nutzt. Glaub uns, das ist ein unglaubliches Gefühl! Und ja, wir wissen selbst, wie schwer es ist, den Verlockungen auf Social Media zu widerstehen. Es ist ein Prozess. Reduziere stetig etwas mehr und du wirst dich jeden Tag besser fühlen, weil du Zeit für Dinge hast, die dich deinen Zielen näherbringen.

Vorteile eines guten Zeitmanagements:

Steigerung der Produktivität ➡ Stressreduktion ➡ Zielerreichung & gesteigerte Lebensqualität

Deine Zeit im Griff

Die Praxis

Zeitmanagement ist vielseitig, genau wie dein Leben. Wir haben uns dazu entschieden, dir Modelle vorzustellen, die wir selbst in unserem Alltag nutzen.

Dazu zählen:

- Eisenhower-Matrix
- Pomodoro-Technik
- 1%-Regel
- 80/20-Prinzip

Kurz und knapp:

1. Die Eisenhower-Matrix:
Aufgaben nach ihrer Dringlichkeit und Wichtigkeit priorisieren, um eine effektive Zeitplanung zu ermöglichen.

2. Die Pomodoro-Technik:
Arbeit in kurzen, konzentrierten Intervallen von etwa 25 Minuten, gefolgt von kurzen Pausen, um die Produktivität zu steigern.

3. Die 1%-Regel:
Täglich mindestens 1% seiner Zeit (etwa 15 Minuten) für kontinuierliche Verbesserung und Wachstum investieren.

4. Das 80/20-Prinzip:
80% der Ergebnisse werden durch 20% der Ursachen erzielt. Es hilft, Prioritäten zu setzen und den Fokus auf die wichtigsten Aufgaben zu legen.

Deine Zeit im Griff
Die Praxis

Die Eisenhower-Matrix

Ein bewährtes Modell, das dich unterstützt, dich zu fokussieren und unwichtige Dinge aus deinem Alltag zu streichen.

Tipp:
Die Visualisierung führt dazu, dass die Gedanken nicht mehr in deinem Kopf kreisen, da du sie aufgeschrieben hast.

Hier siehst du, wie eine Eisenhower-Matrix aufgebaut ist. Wir liefern dir direkt ein Beispiel, damit du weißt, wie du dieses Modell nutzen kannst. Im Teil **Bonustracks** findest du die leere Vorlage.

Dringend und Wichtig • Deadline für ein wichtiges Projekt ist heute Abend. • Dringende Kundenanfrage, die sofort beantwortet werden muss.	**Nicht Dringend, aber Wichtig** • Langfristige Zielsetzung, wie das Planen für die berufliche Weiterentwicklung. • Regelmäßig ins Gym.
Dringend, aber Nicht Wichtig • Ungeplantes Meeting, das nicht viel Wert bringt. • Ablenkende Anrufe oder E-Mails, die dich deinem Ziel nicht näher bringen.	**Nicht Dringend und Nicht Wichtig** • Zeitverschwendung durch Social Media. • Unnötige Diskussionen, die keine berufliche Bedeutung haben.

Die Praxis

Die Pomodoro-Technik und die 1%-Prozent Methode.

Nachfolgend erhältst du einen kurzen Überblick über diese beiden Techniken. Damit es nicht zu viel wird, konzentrieren wir uns im Anschluss auf die 80/20 Regel in unserem Journal. Wir wollen dir einen groben Überblick verschaffen, damit du erkennst, wie vielseitig dieses Thema ist, damit du **DEIN** perfektes Tool findet, um dich zu organisieren.

Pomodoro-Technik: Nie mehr Zeit verschwenden

Die Pomodoro-Technik ist ein Zeitmanagement-Tool, das dir hilft, deine Zeit effektiver zu nutzen, ohne dich zu überfordern. Sie funktioniert so: **Du arbeitest 25 Minuten lang intensiv an einer Aufgabe und gönnst dir dann eine 5-minütige Pause.**

Die Vorteile dieser Methode:
- **Steigert die Konzentration:** Indem du dich auf eine kurze Arbeitsphase konzentrierst, vermeidest du Ablenkungen und bleibst fokussiert.
- **Erhöht die Produktivität:** Die klare Struktur fördert effizientes Arbeiten und hilft dir, mehr in kürzerer Zeit zu erledigen.
- **Reduziert Überforderung:** Die regelmäßigen Pausen erhöhen deine Energie über den Tag hinweg.

Mit der Pomodoro-Technik kannst du deine Zeit optimal nutzen und deine Aufgaben in handliche Abschnitte unterteilen. Sie ist wie ein magischer Zeitverdichter, der dir hilft, deine Ziele Schritt für Schritt zu erreichen.

Deine Zeit im Griff

Die Praxis

Die 1%-Methode: Kleine Schritte, große Veränderungen!

Die 1%-Methode ist dein Geheimrezept, um stetig an deinen Zielen zu arbeiten. Sie besagt: **Setze täglich nur 1% mehr Anstrengung, Zeit und Aufmerksamkeit für deine Ziele ein und du wirst erfolgreicher denn je.**

Die Vorteile dieser Methode:

- **Kontinuierlicher Fortschritt:** Selbst kleine Schritte führen langfristig zu großen Veränderungen. Du wirst erstaunt sein, wie viel du erreichen kannst.
- **Motivation:** Die täglichen Erfolge sorgen für ein Gefühl der Erfüllung und motivieren dich, dranzubleiben.
- **Stressreduktion:** Du vermeidest Überforderung, da du dich nicht in großen Schritten abmühen musst. Stattdessen gehst du behutsam voran.

Die 1%-Methode ist wie ein Turbo für deine Zielverwirklichung. Sie ermöglicht dir, kontinuierlich an deinem Erfolg zu arbeiten, ohne dich zu überfordern. Jeder Tag bringt dich 1% näher an deine Träume heran.

Deine Zeit im Griff
Die Praxis

Kommen wir nun zur 80/20-Regel, mit der wir uns in den kommenden 14 Tagen etwas genauer auseinandersetzen werden.

Was ist die Grundlage dieses Prinzips?
80% der Ergebnisse kommen aus 20% deiner Anstrengungen.

Stell dir vor, du könntest die Zeit, die du täglich investierst, in die Dinge lenken, die wirklich wichtig sind und die größten Ergebnisse bringen. **Das ist das 80/20-Prinzip in Aktion!**

Es bedeutet, dass du deine Energie auf die 20% der Aktivitäten fokussierst, die dir den größten Nutzen bringen, und die restlichen 80% vernachlässigst.

Identifiziere die wenigen Schlüsselschritte, die den Großteil deiner Erfolge ausmachen, und widme ihnen deine volle Aufmerksamkeit. **Das bedeutet weniger Stress, mehr Effizienz und die Freiheit, mehr von deinem Leben zu genießen.**

Reminder: Das 80/20-Prinzip bedeutet nicht, 80% deiner Arbeit aufzugeben. Stattdessen geht es darum, deine Bemühungen strategisch auszurichten und die Aktivitäten zu priorisieren, die deinen Zielen am meisten dienen.

Klingt sehr theoretisch? Lass es uns direkt anwenden!

Die kommenden 14 Tage...
Die Praxis

Wir wissen, wie weit du bereits gekommen bist und, dass schon eine enorme Entwicklung hinter dir liegt. **Respekt!**

Da ein effektives Zeitmanagement von enormer Bedeutung ist, um langfristig deinen Stress zu reduzieren und, um deine Ziele zu erreichen, werden die kommenden 14 Tage etwas anders sein als bisher.

Auf der ersten Übungsseite findest du ab sofort eine kurze Checkliste zu den Themen, die wir in den vergangenen 8 Wochen in deinem Alltag etabliert haben. Im Anschluss folgen Übungen zum 80/20-Prinzip und deine Daily-To-Do-Liste, die für Extra-Struktur sorgt.

Du entscheidest, ob du dich in den kommenden 2 Wochen ausschließlich auf das Thema Zeitmanagement fokussierst oder weiterhin alles kombinierst.

Wichtig ist für uns, dass du dir nicht zu viel Druck machst, sondern deinem Gefühl folgst. Probiere dich auch.

Du wirst bald merken, was für einen großen Mehrwert dir ein effektives Zeitmanagement liefert.

☐ Routinen
☐ Werte
☐ Siege
☐ Mindset
☐ Zeitmanagement
☐ Freestyle

Daily - Checkliste:

☐ Morgenroutine

☐ Werte

☐ Ziele

☐ Mindset

Deine Zeit im Griff!

Die 80/20-Analyse:
- Nimm dir Zeit, um deine täglichen Aktivitäten zu überprüfen.
- Identifiziere die 20% der Aufgaben, die die meisten Ergebnisse erzielen und dich wirklich voran bringen.
- Fokussiere dich in den nächsten Tagen intensiv auf diese Aufgaben und streiche Dinge, die nicht zu deinem Erfolg oder Wohlbefinden beitragen.

- ☐ **Routinen**
- ☐ **Werte**
- ☐ **Siege**
- ☐ **Mindset**
- ☐ **Zeitmanagement**
- ☐ Freestyle

Tag 57

Mein heutiger Plan

DATUM: ....

MEIN "FROG" DES TAGES.
ZUERST ERLEDIGEN!

_____

_____

_____

WEITERE TO-DO'S:
DAUER JEWEILS MAXIMAL 15 MINUTEN

- ✓ _____
- ✓ _____
- ✓ _____
- ✓ _____
- ✓ _____
- ✓ _____
- ✓ _____
- ✓ _____
- ✓ _____

NOTIZEN:

INTEGRIERE KLEINE BELOHNUNGEN IN DEINE TO-DO-LISTE. DAS STEIGERT DIE MOTIVATION.

DAMIT BELOHNE ICH MICH HEUTE:

....
....
....

☐ Routinen
☐ **Werte**
☐ Siege
☐ Mindset
☐ Zeitmanagement
☐ Freestyle

Daily - Checkliste:

☐ Morgenroutine

☐ Werte

☐ Ziele

☐ Mindset

Deine Zeit im Griff!

Die Fokus-Challenge:
- Wähle einen Bereich in deinem Leben, sei es deine Arbeit, deine Beziehungen oder deine Wohnung
- Liste alle Aktivitäten und Verpflichtungen in diesem Bereich auf
- Identifiziere die 20% dieser Aktivitäten, die den größten Mehrwert bringen
- Setze dir zum Ziel, die restlichen 80% zu minimieren oder zu delegieren, um mehr Zeit für das Wesentliche zu haben

☐ **Routinen**
☐ **Werte**
☐ **Siege**
☐ **Mindset**
☐ **Zeitmanagement**
☐ Freestyle

Tag 58

Mein heutiger Plan

DATUM: ....

MEIN "FROG" DES TAGES.
ZUERST ERLEDIGEN!

WEITERE TO-DO'S:
DAUER JEWEILS MAXIMAL 15 MINUTEN

- _____
- _____
- _____
- _____
- _____
- _____
- _____
- _____
- _____

NOTIZEN:

INTEGRIERE KLEINE BELOHNUNGEN IN DEINE TO-DO-LISTE. DAS STEIGERT DIE MOTIVATION.

DAMIT BELOHNE ICH MICH HEUTE:

☐ Routinen
☐ Werte
☐ Siege
☐ Mindset
☐ Zeitmanagement
☐ Freestyle

 Tag 59

Daily - Checkliste:

☐ Morgenroutine

☐ Werte

☐ Ziele

☐ Mindset

Deine Zeit im Griff!

Das Prioritäten-Experiment:
- Erstelle eine Liste deiner wichtigsten Ziele und Aufgaben für den heutigen Tag
- Setze für jede Aufgabe eine Priorität von 1 bis 5, wobei 1 die höchste Priorität ist
- Konzentriere dich heute darauf, die Aufgaben mit Priorität 1 und 2 zu erledigen und die anderen zu delegieren und erst zu erledigen, wenn Alle To-Dos mit Priorität 1 und 2 erledigt sind

....
....
....
....
....
....
....

☐ Routinen
☐ Werte
☐ Siege
☐ Mindset
☐ Zeitmanagement
☐ Freestyle

Tag 59

Mein heutiger Plan

DATUM: ....

MEIN "FROG" DES TAGES.
ZUERST ERLEDIGEN!

_____

_____

_____

WEITERE TO-DO'S:
DAUER JEWEILS MAXIMAL 15 MINUTEN

✓ _____
✓ _____
✓ _____
✓ _____
✓ _____
✓ _____
✓ _____
✓ _____
✓ _____
✓ _____

NOTIZEN:

INTEGRIERE KLEINE BELOHNUNGEN IN DEINE TO-DO-LISTE. DAS STEIGERT DIE MOTIVATION.

DAMIT BELOHNE ICH MICH HEUTE:

....
....
....

☐ Routinen
☐ Werte
☐ Siege
☐ Mindset
☐ Zeitmanagement
☐ Freestyle

Daily - Checkliste:

☐ Morgenroutine

☐ Werte

☐ Ziele

☐ Mindset

Deine Zeit im Griff!

80/20 Digital-Detox:
- Checke deine Zeit auf Social Media
- Identifiziere die 20% der Apps, Websites oder Social-Media-Plattformen, die die meiste Zeit verschlingen
- Reduziere deine Zeit auf diesen Plattformen drastisch und verwende sie nur noch gezielt für wichtige Zwecke, z.B. um dich weiterzubilden, Informationen zu beschaffen oder zum Entspannen (Podcast oder Hörbuch)
- Bsp: Aktuelle Zeit 4-5 Stunden täglich - halbiere sofort und reduziere kontinuierlich

Fülle die Zeit, mit Dingen, die dich deinem Ziel näherbringen. Du wirst bald allen anderen voraus sein.

☐ Routinen
☐ Werte
☐ Siege
☐ Mindset
☐ Zeitmanagement
☐ Freestyle

Tag 60

Mein heutiger Plan

DATUM: ....

MEIN "FROG" DES TAGES.
ZUERST ERLEDIGEN!

_____

_____

_____

WEITERE TO-DO'S:
DAUER JEWEILS MAXIMAL 15 MINUTEN

- _____
- _____
- _____
- _____
- _____
- _____
- _____
- _____
- _____

NOTIZEN:

INTEGRIERE KLEINE BELOHNUNGEN IN DEINE TO-DO-LISTE. DAS STEIGERT DIE MOTIVATION.

DAMIT BELOHNE ICH MICH HEUTE:

....
....
....

☐ Routinen
☐ Werte
☐ Siege
☐ Mindset
☐ Zeitmanagement
☐ Freestyle

Daily - Checkliste:

☐ Morgenroutine

☐ Werte

☐ Ziele

☐ Mindset

Deine Zeit im Griff!

Höchste Priorität:
- Konzentriere dich heute bewusst auf eine einzelne Aufgabe, aus einem Projekt
- Beseitige Ablenkungen, schalte Benachrichtigungen aus und arbeite in einem Block von 45 Minuten
- Staune, wie viel du in dieser Zeit erledigen kannst und wie viel produktiver du dich fühlst

AUFGABE:

☐ **Routinen**
☐ **Werte**
☐ **Siege**
☐ **Mindset**
☐ **Zeitmanagement**
☐ **Freestyle**

Tag 61

Mein heutiger Plan

DATUM: ....

MEIN "FROG" DES TAGES.
ZUERST ERLEDIGEN!

_____

_____

_____

WEITERE TO-DO'S:
DAUER JEWEILS MAXIMAL 15 MINUTEN

- _____
- _____
- _____
- _____
- _____
- _____
- _____
- _____
- _____

NOTIZEN:

INTEGRIERE KLEINE BELOHNUNGEN IN DEINE TO-DO-LISTE. DAS STEIGERT DIE MOTIVATION.

DAMIT BELOHNE ICH MICH HEUTE:

....
....
....

☐ Routinen
☐ Werte
☐ Siege
☐ Mindset
☐ Zeitmanagement
☐ Freestyle

Daily - Checkliste:

☐ Morgenroutine

☐ Werte

☐ Ziele

☐ Mindset

Deine Zeit im Griff!

Das Delegations-Training:
- Identifiziere Aufgaben in deinem beruflichen oder persönlichen Leben, die andere genauso gut erledigen könnten wie du
- Delegiere mindestens eine dieser Aufgaben an jemanden aus deinem Umfeld
- Verfolge, wie viel Zeit du dadurch freisetzt und wie es deine Effizienz steigert

Die täglichen Übungen integrieren das 80/20-Prinzip in deinen Alltag. Dadurch kannst du deine Zeit auf die Dinge konzentrieren, die dich weiterbringen.

DAS KÖNNEN ANDERE ERLEDIGEN:

_____
_____
_____

☐ **Routinen**
☐ **Werte**
☐ **Siege**
☐ **Mindset**
☐ **Zeitmanagement**
☐ Freestyle

Tag 62

Mein heutiger Plan

DATUM: ....

MEIN "FROG" DES TAGES.
ZUERST ERLEDIGEN!

WEITERE TO-DO'S:
DAUER JEWEILS MAXIMAL 15 MINUTEN

- _____
- _____
- _____
- _____
- _____
- _____
- _____
- _____
- _____

NOTIZEN:

> INTEGRIERE KLEINE BELOHNUNGEN IN DEINE TO-DO-LISTE. DAS STEIGERT DIE MOTIVATION.

DAMIT BELOHNE ICH MICH HEUTE:

☐ Routinen
☐ Werte
☐ Siege
☐ Mindset
☐ Zeitmanagement
☐ Freestyle

Daily - Checkliste:

☐ Morgenroutine

☐ Werte

☐ Ziele

☐ Mindset

Deine Zeit im Griff!

80/20 E-Mail-Revolution:

- Gehe durch deine E-Mail-Inbox
- Identifiziere die 20% der E-Mails, die wirklich wichtig sind und eine Aktion erfordern
- Lösche oder archiviere die restlichen 80% der E-Mails, die nur Ablenkung bedeuten
- Verwende deine neu gewonnene Zeit für produktivere Aufgaben oder zur Entspannung

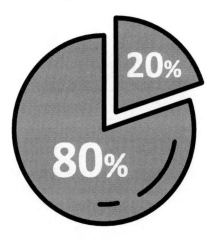

☐ **Routinen**
☐ **Werte**
☐ **Siege**
☐ **Mindset**
☐ **Zeitmanagement**
☐ Freestyle

 Tag 63

DATUM:

Mein heutiger Plan

MEIN "FROG" DES TAGES.
ZUERST ERLEDIGEN!

WEITERE TO-DO'S:
DAUER JEWEILS MAXIMAL 15 MINUTEN

- ⊘ _____
- ⊘ _____
- ⊘ _____
- ⊘ _____
- ⊘ _____
- ⊘ _____
- ⊘ _____
- ⊘ _____
- ⊘ _____

NOTIZEN:

INTEGRIERE KLEINE BELOHNUNGEN IN DEINE TO-DO-LISTE. DAS STEIGERT DIE MOTIVATION.

DAMIT BELOHNE ICH MICH HEUTE:

Woche 9/12 ✓

WOW! Du bist dem Ziel schon ganz nah.

Respekt, du hast bereits einen großen Teil deines Weges zur besten Version von dir selbst zurückgelegt. Wir sind unglaublich stolz auf dich! Deine Motivation und dein unermüdlicher Einsatz, um deine Ziele zu erreichen, verdienen Anerkennung.

Lass uns gemeinsam zurückblicken. Beantworte dazu gedanklich die folgenden Fragen:
Was läuft bereits problemlos? Welche Bereiche können weiter optimiert werden?
Erinnere dich immer an dein WARUM, wenn du aufgeben willst. Was entfacht dein Feuer? Welche Träume treiben dich an? Für welche Leidenschaft kämpfst du?

Lass uns in den kommenden 7 Tagen weiterhin am 80/20-Prinzip feilen und dieses wertvolle Werkzeug noch tiefer in deinem Leben verankern.

Du bist nah dran, deine Ziele zu erreichen, und wir sind hier, um dich anzufeuern!

Auf unseren Social-Media-Kanälen bekommst du zu jederzeit einen Extrapush Motivation, wenn du ihn brauchst.

Du packst das!

Raum für deine Gedanken

Datum:

☐ Routinen
☐ Werte
☐ Siege
☐ Mindset
☐ Zeitmanagement
☐ Freestyle

 Tag 64

Daily - Checkliste:

☐ Morgenroutine

☐ Werte

☐ Ziele

☐ Mindset

Deine Zeit im Griff!

80/20 Gesprächs-Optimierung:

- Denke an deine letzten Gespräche, sei es beruflich oder privat
- Identifiziere die 20% der Gespräche, die am meisten Mehrwert, Motivation, Energie oder Freude gebracht haben
- Plane bewusst mehr Zeit für diese wertvollen Gespräche ein und reduziere die Zeit für weniger bedeutende Unterhaltungen, die dir Energie rauben

GESPRÄCHE MIT DIESEN PERSONEN STEIGERN MEINE ENERGIE:

☐ Routinen
☐ Werte
☐ Siege
☐ Mindset
☐ Zeitmanagement
☐ Freestyle

Tag 64

Mein heutiger Plan

DATUM: ....

**MEIN "FROG" DES TAGES.
ZUERST ERLEDIGEN!**

_____

_____

_____

WEITERE TO-DO'S:
DAUER JEWEILS MAXIMAL 15 MINUTEN

- _____
- _____
- _____
- _____
- _____
- _____
- _____
- _____
- _____
- _____

NOTIZEN:

INTEGRIERE KLEINE BELOHNUNGEN IN DEINE TO-DO-LISTE. DAS STEIGERT DIE MOTIVATION.

DAMIT BELOHNE ICH MICH HEUTE:

....
....
....

☐ Routinen
☐ Werte
☐ Siege
☐ Mindset
☐ Zeitmanagement
☐ Freestyle

Daily - Checkliste:

☐ Morgenroutine

☐ Werte

☐ Ziele

☐ Mindset

Deine Zeit im Griff!

80/20 Alltags-Optimierung:

- Schau in deinen Kleiderschrank
- Identifiziere die 20% der Kleidungsstücke, die du wirklich magst und oft trägst
- Spende, verkaufe oder lagere die restlichen 80% der Kleidung, die nur Platz einnimmt und selten genutzt wird
- Du wirst erstaunt sein, wie viel einfacher es ist, morgens das perfekte Outfit zu wählen

Befreie dich von unnötigen Dingen. Das macht deinen Kopf frei und hilft dir, dich zu fokussieren. Dieses Mindset ist auf alle Bereiche in deinem Leben anwendbar. Du wirst schnell merken, wie sich dein Stress reduziert, wenn du die Ablenkungen in deinem Leben minimierst.

☐ **Routinen**
☐ **Werte**
☐ **Siege**
☐ **Mindset**
☐ **Zeitmanagement**
☐ Freestyle

Tag 65

Mein heutiger Plan

DATUM: ....

MEIN "FROG" DES TAGES.
ZUERST ERLEDIGEN!

WEITERE TO-DO'S:
DAUER JEWEILS MAXIMAL 15 MINUTEN

- ✓ _____
- ✓ _____
- ✓ _____
- ✓ _____
- ✓ _____
- ✓ _____
- ✓ _____
- ✓ _____
- ✓ _____

NOTIZEN:

INTEGRIERE KLEINE BELOHNUNGEN IN DEINE TO-DO-LISTE. DAS STEIGERT DIE MOTIVATION.

DAMIT BELOHNE ICH MICH HEUTE:

☐ Routinen
☐ Werte
☐ Siege
☐ Mindset
☐ Zeitmanagement
☐ Freestyle

Daily - Checkliste:

☐ Morgenroutine

☐ Werte

☐ Ziele

☐ Mindset

Deine Zeit im Griff!

80/20 Lebensmittel-Check:

- Schaue in deinen Kühlschrank und deine Vorratsschränke
- Identifiziere die 20% der Lebensmittel, die du regelmäßig isst und benötigst
- Reduziere den Einkauf von Lebensmitteln, die du selten verwendest, und konzentriere dich auf die wichtigen 20%, um Lebensmittelverschwendung zu vermeiden

Spart auch noch Geld, das du für andere Dinge investieren kannst.

NOTIZEN:

☐ **Routinen**
☐ **Werte**
☐ **Siege**
☐ **Mindset**
☐ **Zeitmanagement**
☐ Freestyle

Tag 66

Mein heutiger Plan

DATUM: ....

MEIN "FROG" DES TAGES.
ZUERST ERLEDIGEN!

WEITERE TO-DO'S:
DAUER JEWEILS MAXIMAL 15 MINUTEN

- ○ _____
- ○ _____
- ○ _____
- ○ _____
- ○ _____
- ○ _____
- ○ _____
- ○ _____
- ○ _____

NOTIZEN:

INTEGRIERE KLEINE BELOHNUNGEN IN DEINE TO-DO-LISTE. DAS STEIGERT DIE MOTIVATION.

DAMIT BELOHNE ICH MICH HEUTE:

☐ Routinen
☐ Werte
☐ Siege
☐ Mindset
☐ Zeitmanagement
☐ Freestyle

 Tag 67

Daily - Checkliste:

☐ Morgenroutine

☐ Werte

☐ Ziele

☐ Mindset

Deine Zeit im Griff!

80/20 Wissens-Check:

- Gehe durch deine Büchersammlung, Websites, Notizen, Skripte oder Podcasts
- Identifiziere die 20% der Medien, die du noch nicht gelesen/gehört hast und die dich am meisten interessieren
- Beginne damit, dein vorhandenes Material zu lesen/hören, bevor du dir neue Informationen anschaffst

Dieses Vorgehen verhindert, dass du dich in der Flut von Wissen, Büchern und Notizen verlierst. Gehe strukturiert vor und erweitere dadurch stetig dein Wissen.

NOTIZEN:

☐ **Routinen**
☐ **Werte**
☐ **Siege**
☐ **Mindset**
☐ **Zeitmanagement**
☐ Freestyle

Tag 67

DATUM: ....

Mein heutiger Plan

MEIN "FROG" DES TAGES.
ZUERST ERLEDIGEN!

WEITERE TO-DO'S:
DAUER JEWEILS MAXIMAL 15 MINUTEN

- ☑ _____
- ☑ _____
- ☑ _____
- ☑ _____
- ☑ _____
- ☑ _____
- ☑ _____
- ☑ _____
- ☑ _____

NOTIZEN:

INTEGRIERE KLEINE BELOHNUNGEN IN DEINE TO-DO-LISTE. DAS STEIGERT DIE MOTIVATION.

DAMIT BELOHNE ICH MICH HEUTE:

☐ Routinen
☐ Werte
☐ Siege
☐ Mindset
☐ Zeitmanagement
☐ Freestyle

Tag 68

Daily - Checkliste:

☐ Morgenroutine

☐ Werte

☐ Ziele

☐ Mindset

Deine Zeit im Griff!

80/20 Gesundheits-Check:

- Überdenke deine Gesundheitsgewohnheiten.
- Identifiziere die 20% der Maßnahmen, die den größten Einfluss auf deine Gesundheit haben, wie regelmäßige Bewegung, Gym und ausgewogene Ernährung
- Konzentriere dich auf diese wichtigen 20% und reduziere den Aufwand für weniger effektive Maßnahmen, um deine Gesundheit zu optimieren

NOTIZEN:

☐ **Routinen**
☐ **Werte**
☐ **Siege**
☐ **Mindset**
☐ **Zeitmanagement**
☐ Freestyle

Tag 68

Mein heutiger Plan

DATUM: ....

MEIN "FROG" DES TAGES.
ZUERST ERLEDIGEN!

WEITERE TO-DO'S:
DAUER JEWEILS MAXIMAL 15 MINUTEN

- _____
- _____
- _____
- _____
- _____
- _____
- _____
- _____
- _____

NOTIZEN:

INTEGRIERE KLEINE BELOHNUNGEN IN DEINE TO-DO-LISTE. DAS STEIGERT DIE MOTIVATION.

DAMIT BELOHNE ICH MICH HEUTE:

☐ Routinen
☐ **Werte**
☐ Siege
☐ Mindset
☐ **Zeitmanagement**
☐ Freestyle

 Tag 69

Daily - Checkliste:

☐ Morgenroutine

☐ Werte

☐ Ziele

☐ Mindset

Deine Zeit im Griff!

80/20 Medien-Konsum:

- Überprüfe deinen Medienkonsum
- Identifiziere die 20% der Nachrichtenquellen, TV-Sendungen oder Social-Media-Inhalte, die dir wirklich relevante Informationen oder Freude bringen
- Begrenze die Zeit, die du mit weniger wertvollen Medien verbringst, und nutze diese Zeit für sinnvollere Aktivitäten wie Gym, Lesen, Zeit in der Natur oder deine Leidenschaft

NOTIZEN:

- ☐ **Routinen**
- ☐ **Werte**
- ☐ **Siege**
- ☐ **Mindset**
- ☐ **Zeitmanagement**
- ☐ Freestyle

Tag 69

Mein heutiger Plan

DATUM: ....

MEIN "FROG" DES TAGES.
ZUERST ERLEDIGEN!

_____

_____

_____

WEITERE TO-DO'S:
DAUER JEWEILS MAXIMAL 15 MINUTEN

- ✓ _____
- ✓ _____
- ✓ _____
- ✓ _____
- ✓ _____
- ✓ _____
- ✓ _____
- ✓ _____
- ✓ _____

NOTIZEN:

INTEGRIERE KLEINE BELOHNUNGEN IN DEINE TO-DO-LISTE. DAS STEIGERT DIE MOTIVATION.

DAMIT BELOHNE ICH MICH HEUTE:

....
....
....

☐ Routinen
☐ Werte
☐ Siege
☐ Mindset
☐ Zeitmanagement
☐ Freestyle

Daily - Checkliste:

☐ Morgenroutine

☐ Werte

☐ Ziele

☐ Mindset

Deine Zeit im Griff!

80/20 Digital-Check:

- Nimm dir Zeit, um deine digitalen Datumien, sei es auf deinem Laptop, Handy oder in der Cloud, zu überprüfen
- Identifiziere die 20% der Datumien, Apps und Fotos, die wirklich wichtig sind
- Lösche oder archiviere die restlichen 80%, die nur Speicherplatz beanspruchen

NOTIZEN:

- ☐ Routinen
- ☐ Werte
- ☐ Siege
- ☐ Mindset
- ☐ Zeitmanagement
- ☐ Freestyle

Tag 70

DATUM: ....

Mein heutiger Plan

TOP 3 AUFGABEN

1. _____
2. _____
3. _____

WEITERE TO-DO'S:
DAUER JEWEILS MAXIMAL 15 MINUTEN

- _____
- _____
- _____
- _____
- _____
- _____
- _____
- _____
- _____

MEIN "FROG" DES TAGES.
ZUERST ERLEDIGEN!

NOTIZEN:

INTEGRIERE KLEINE BELOHNUNGEN IN DEINE TO-DO-LISTE. DAS STEIGERT DIE MOTIVATION.

DAMIT BELOHNE ICH MICH HEUTE:

Woche 10/12 ✓

Du bist auf der Überholspur zu deinen Zielen!

Stopp! Atme einmal tief durch und führe dir vor Augen, was du gepackt hast. Du arbeitest seit zehn Wochen an dir, investierst in deine persönliche Entwicklung, um unbesiegbar zu werden und deine Ziele zu erreichen.

Jetzt folgt der Endspurt. Es folgen zwei Wochen, die wir intensiv nutzen, um letzte Hindernisse auszuräumen, deine Routinen und dein Wissen zu festigen und, um zu reflektieren, wie weit du bereits gekommen bist.

Wie fühlst du dich mittlerweile? Was sagt dein Umfeld zu deiner Transformation? Hast du Fragen oder brauchst du in einem speziellen Thema Unterstützung?

Solltest du jemals das Gefühl haben, du hängst fest, melde dich bei uns!

Die größte Strecke des Weges bist du bereits gegangen. Jetzt setzten wir noch einmal zum Sprint an, mobilisieren alle verfügbaren Kräfte und passieren in zwei Wochen das Ziel!

Wir sehen uns beim großen Finale Gewinner!

Raum für deine Gedanken

Datum:

CRYSE

MELODIE

Freestyle Zone

> "Sie wollen mich fallen sehen,
> doch ich kann fliegen.
>
> *Cryse*
> *Fliegen*

12 WOCHEN

Freestyle Zone

Nur noch 14 Tage bis zum großen Finale!

Wir haben lange darüber nachgedacht, wie wir die verbleibenden beiden Wochen gestalten, um dir den größten Mehrwert zu bieten. Ein neues Thema? Etwas Vertiefen? Alles miteinander kombinieren?

Letztlich haben wir uns für etwas ganz anderes entschieden, um dich auf den letzten Metern zur besten Version von dir selbst zu begleiten.

In den kommenden zwei Wochen dreht sich alles um das Thema **Reflexion**. Denn nur wenn wir die innere Stärke besitzen, zu reflektieren, wo wir gerade stehen, worin wir bereits Gewinner sind und was wir noch optimieren können, wachsen wir.
Es geht dabei darum, dass du dir vor Augen führst, was du bereits alles erreicht hast, und zu erkennen, wo du noch hin willst.

Du wirst in diesen 14 Tagen einige neue Erkenntnisse gewinnen, dich selbst noch besser kennenlernen und einschätzen können. Zum Schluss überquerst du gestärkt und voller Energie die Ziellinie und bist gewappnet für alle anstehenden Herausforderungen.

Bleibe fokussiert!

Raum für deine Gedanken

Datum:

Die Theorie

Kurz und knapp:
Die folgenden Seiten unterscheiden sich ein wenig von den bisherigen. Deshalb gibt es eine kurze Erklärung für euch.
In der rechten Ecke bedinfet sich weiterhin die Übersicht der Themen, die du bereits bearbeitet und wahrscheinlich in deinen Alltag integriert hast.
Im Anschluss folgt eine Frage des Tages, die jeweils mit einem Thema im Zusammenhang steht und zur Reflexion dient.
Auf der Folgeseite reflektierst du deinen Tag, um Dinge aufzudecken, die dich Triggern, aus deinem Konzept bringen und optimiert werden können.

Du entscheidest, wie du dich nächsten 12 Tage absolvierst. Du kannst Teil 1 direkt morgens erledigen und reflektierst am Abend deinen Tag, oder du erledigst beides am Ende des Tages.

5 Vorteile täglicher Reflexion:

- Selbstbewusstsein steigern
- Fehler und Verbesserungsmöglichkeiten erkennen
- Ziele besser verfolgen
- Stressabbau
- Entscheidungsfindung verbessern

☐ Routinen
☐ Werte
☐ Siege
☐ Mindset
☐ Zeitmanagement
☐ Freestyle

Tag 71

Daily - Checkliste:

☐ Morgenroutine
☐ Werte
☐ Ziele
☐ Mindset
☐ Zeitmanagement

Frage des Tages:
WAS MANIFESTIERE ICH AKTUELL UND ZIEHE ICH DADURCH MEHR IN MEIN LEBEN?

....
....
....
....

Verhaltensmuster auflösen und Umdenken

Unser Ziel: **Du kontrollierst deine Reaktion und deine Handlungen.**

Trigger/Stressauslöser:

⬇

Warum ist das passiert?

⬇

Meine Reaktion:

⬇

So will ich in Zukunft reagieren:

☐ Routinen
☐ Werte
☐ Siege
☐ Mindset
☐ Zeitmanagement
☐ Freestyle

Tag 71

Highlights des Tages:
Was/Wer hat dich heute motiviert?

Was hast du heute für dich getan?

Energielevel:

Tages Rückblick

Warum bist du heute stolz auf dich?
(Bsp: Warst du im Gym? Hast du eine Aufgabe erledigt, die du lange aufgeschoben hast? War deine Morgenroutine heute richtig gut? Hast du dir Zeit für deine Ziele/Leidenschaft genommen? Hattest du ein motivierendes Gespräch...?

Was war die größte Herausforderung des Tages und warum?

☐ Routinen
☐ Werte
☐ Siege
☐ Mindset
☐ Zeitmanagement
☐ Freestyle

Tag 72

Daily - Checkliste:

☐ Morgenroutine

☐ Werte

☐ Ziele

☐ Mindset

☐ Zeitmanagement

Frage des Tages:
BIN ICH BEREIT FÜR DIE VERWIRKLICHUNG MEINER ZIELE (JA/NEIN)? WARUM?

Verhaltensmuster auflösen und Umdenken

Unser Ziel: **Du kontrollierst deine Reaktion und deine Handlungen.**

Trigger/Stressauslöser:

⬇

Warum ist das passiert?

⬇

Meine Reaktion:

⬇

So will ich in Zukunft reagieren:

☐ Routinen
☐ Werte
☐ Siege
☐ Mindset
☐ Zeitmanagement
☐ Freestyle

Tag 72

Highlights des Tages:
Was/Wer hat dich heute motiviert?

Was hast du heute für dich getan?

Energielevel:

Tages Rückblick

Warum bist du heute stolz auf dich?
(Bsp: Warst du im Gym? Hast du eine Aufgabe erledigt, die du lange aufgeschoben hast? War deine Morgenroutine heute richtig gut? Hast du dir Zeit für deine Ziele/Leidenschaft genommen? Hattest du ein motivierendes Gespräch...?

Was war die größte Herausforderung des Tages und warum?

☐ Routinen
☐ Werte
☐ Siege
☐ Mindset
☐ Zeitmanagement
☐ Freestyle

Tag 73

Daily - Checkliste:

☐ Morgenroutine

☐ Werte

☐ Ziele

☐ Mindset

☐ Zeitmanagement

Frage des Tages:
WAS IST AKTUELL DER GRÖSSTE STRESSFAKTOR IN DEINEM LEBEN?

....
....
....
....
....

Verhaltensmuster auflösen und Umdenken

Unser Ziel: **Du kontrollierst deine Reaktion und deine Handlungen.**

Trigger/Stressauslöser:

⬇

Warum ist das passiert?

⬇

Meine Reaktion:

⬇

So will ich in Zukunft reagieren:

☐ Routinen
☐ Werte
☐ Siege
☐ Mindset
☐ Zeitmanagement
☐ Freestyle

Tag 73

Highlights des Tages:
Was/Wer hat dich heute motiviert?

Was hast du heute für dich getan?

———————————————

———————————————

———————————————

———————————————

Energielevel:

Tages
———— ○ ○ ○ ————
Rückblick

Warum bist du heute stolz auf dich?
(Bsp: Warst du im Gym? Hast du eine Aufgabe erledigt, die du lange aufgeschoben hast? War deine Morgenroutine heute richtig gut? Hast du dir Zeit für deine Ziele/Leidenschaft genommen? Hattest du ein motivierendes Gespräch...?

....

....

....

Was war die größte Herausforderung des Tages und warum?

....

....

☐ Routinen
☐ Werte
☐ Siege
☐ Mindset
☐ Zeitmanagement
☐ Freestyle

Tag 74

Daily - Checkliste:

☐ Morgenroutine
☐ Werte
☐ Ziele
☐ Mindset
☐ Zeitmanagement

Frage des Tages:
WAS KANNST DU AKTIV AN DEM GRÖSSTEN STRESSFAKTOR IN DEINEM LEBEN ÄNDERN?

Verhaltensmuster auflösen und Umdenken

Unser Ziel: **Du kontrollierst deine Reaktion und deine Handlungen.**

Trigger/Stressauslöser:

⬇

Warum ist das passiert?

⬇

Meine Reaktion:

⬇

So will ich in Zukunft reagieren:

☐ Routinen
☐ Werte
☐ Siege
☐ Mindset
☐ Zeitmanagement
☐ Freestyle

Tag 74

Highlights des Tages:
Was/Wer hat dich heute motiviert?

Was hast du heute für dich getan?

Energielevel:

Tages Rückblick

Warum bist du heute stolz auf dich?
(Bsp: Warst du im Gym? Hast du eine Aufgabe erledigt, die du lange aufgeschoben hast? War deine Morgenroutine heute richtig gut? Hast du dir Zeit für deine Ziele/Leidenschaft genommen? Hattest du ein motivierendes Gespräch...?

Was war die größte Herausforderung des Tages und warum?

☐ Routinen
☐ Werte
☐ Siege
☐ Mindset
☐ Zeitmanagement
☐ Freestyle

Tag 75

Daily - Checkliste:

☐ Morgenroutine

☐ Werte

☐ Ziele

☐ Mindset

☐ Zeitmanagement

Frage des Tages:
WELCHEN EINFLUSS HAT DEIN UMFELD AUF DEIN WOHLBEFINDEN?

Verhaltensmuster auflösen und Umdenken

Unser Ziel: **Du kontrollierst deine Reaktion und deine Handlungen.**

Trigger/Stressauslöser:

⬇

Warum ist das passiert?

⬇

Meine Reaktion:

⬇

So will ich in Zukunft reagieren:

☐ Routinen
☐ Werte
☐ Siege
☐ Mindset
☐ Zeitmanagement
☐ Freestyle

Tag 75

Highlights des Tages:
Was/Wer hat dich heute motiviert?

Was hast du heute für dich getan?

Energielevel:

Tages Rückblick

Warum bist du heute stolz auf dich?
(Bsp: Warst du im Gym? Hast du eine Aufgabe erledigt, die du lange aufgeschoben hast? War deine Morgenroutine heute richtig gut? Hast du dir Zeit für deine Ziele/Leidenschaft genommen? Hattest du ein motivierendes Gespräch...?

Was war die größte Herausforderung des Tages und warum?

☐ Routinen
☐ Werte
☐ Siege
☐ Mindset
☐ Zeitmanagement
☐ Freestyle

Tag 76

Daily - Checkliste:

☐ Morgenroutine
☐ Werte
☐ Ziele
☐ Mindset
☐ Zeitmanagement

Frage des Tages:
WER/WAS MOTIVIERT DICH JEDEN TAG WEITERZUMACHEN?

Verhaltensmuster auflösen und Umdenken

Unser Ziel: **Du kontrollierst deine Reaktion und deine Handlungen.**

Trigger/Stressauslöser:

⬇

Warum ist das passiert?

⬇

Meine Reaktion:

⬇

So will ich in Zukunft reagieren:

☐ Routinen
☐ Werte
☐ Siege
☐ Mindset
☐ Zeitmanagement
☐ Freestyle

Tag 76

Highlights des Tages:
Was/Wer hat dich heute motiviert?

Was hast du heute für dich getan?

Energielevel:

Tages Rückblick

Warum bist du heute stolz auf dich?
(Bsp: Warst du im Gym? Hast du eine Aufgabe erledigt, die du lange aufgeschoben hast? War deine Morgenroutine heute richtig gut? Hast du dir Zeit für deine Ziele/Leidenschaft genommen? Hattest du ein motivierendes Gespräch...?

Was war die größte Herausforderung des Tages und warum?

☐ Routinen
☐ Werte
☐ Siege
☐ Mindset
☐ Zeitmanagement
☐ Freestyle

Tag 77

Daily - Checkliste:

☐ Morgenroutine
☐ Werte
☐ Ziele
☐ Mindset
☐ Zeitmanagement

Frage des Tages:
WIESO WILLST DU ETWAS IN DEINEM LEBEN VERÄNDERN?

....
....
....
....

Verhaltensmuster auflösen und Umdenken

Unser Ziel: **Du kontrollierst deine Reaktion und deine Handlungen.**

Trigger/Stressauslöser:

⬇

Warum ist das passiert?

⬇

Meine Reaktion:

⬇

So will ich in Zukunft reagieren:

☐ Routinen
☐ Werte
☐ Siege
☐ Mindset
☐ Zeitmanagement
☐ Freestyle

Tag 77

Highlights des Tages:
Was/Wer hat dich heute motiviert?

Was hast du heute für dich getan?

Energielevel:

Tages Rückblick

Warum bist du heute stolz auf dich?
(Bsp: Warst du im Gym? Hast du eine Aufgabe erledigt, die du lange aufgeschoben hast? War deine Morgenroutine heute richtig gut? Hast du dir Zeit für deine Ziele/Leidenschaft genommen? Hattest du ein motivierendes Gespräch...?

Was war die größte Herausforderung des Tages und warum?

Woche 11/12 ✓

Welche neuen Erkenntnisse hast du in dieser Woche gewonnen?

....
....
....
....
....

Durchschnittliches Energielevel:

Wochen Rückblick

Welche Situation hat dich in dieser Woche am meisten beschäftigt und wieso?

....
....
....

Wer/Was hat dich diese Woche am meisten motiviert, deine Energie gesteigert und dich deinem Ziel näher gebracht?

....
....

CRYSE — MELODIE

NOW or NEVER

> "Wenn du jeden Tag einen kleinen Schritt nach vorn machst, kommst du deinem Ziel kontinuierlich näher."
>
> *Cryse*
> *Hin & Her*

12 WOCHEN

☐ Routinen
☐ Werte
☐ Siege
☐ Mindset
☐ Zeitmanagement
☐ Freestyle

Tag 78

Daily - Checkliste:

☐ Morgenroutine
☐ Werte
☐ Ziele
☐ Mindset
☐ Zeitmanagement

Frage des Tages:
WIE WIRKEN SICH MEINE GEDANKEN AUF MEINEN TAG AUS?

Verhaltensmuster auflösen und Umdenken

Unser Ziel: **Du kontrollierst deine Reaktion und deine Handlungen.**

Trigger/Stressauslöser:

⬇

Warum ist das passiert?

⬇

Meine Reaktion:

⬇

So will ich in Zukunft reagieren:

☐ Routinen
☐ Werte
☐ Siege
☐ Mindset
☐ Zeitmanagement
☐ Freestyle

Tag 78

Highlights des Tages:
Was/Wer hat dich heute motiviert?

Was hast du heute für dich getan?

Energielevel:

Tages Rückblick

Warum bist du heute stolz auf dich?
(Bsp: Warst du im Gym? Hast du eine Aufgabe erledigt, die du lange aufgeschoben hast? War deine Morgenroutine heute richtig gut? Hast du dir Zeit für deine Ziele/Leidenschaft genommen? Hattest du ein motivierendes Gespräch...?

Was war die größte Herausforderung des Tages und warum?

☐ Routinen
☐ Werte
☐ Siege
☐ Mindset
☐ Zeitmanagement
☐ Freestyle

Tag 79

Daily - Checkliste:

☐ Morgenroutine

☐ Werte

☐ Ziele

☐ Mindset

☐ Zeitmanagement

Frage des Tages:
WIE HOCH IST MEINE BILDSCHIRMZEIT DER LETZTEN 7 TAGE? WAS HÄTTE ICH IN DIESER ZEIT ALTERNATIV TUN KÖNNEN?

....

....

....

....

....

Verhaltensmuster auflösen und Umdenken

Unser Ziel: **Du kontrollierst deine Reaktion und deine Handlungen.**

Trigger/Stressauslöser:

⬇

Warum ist das passiert?

⬇

Meine Reaktion:

⬇

So will ich in Zukunft reagieren:

☐ Routinen
☐ Werte
☐ Siege
☐ Mindset
☐ Zeitmanagement
☐ Freestyle

Tag 79

Highlights des Tages:
Was/Wer hat dich heute motiviert?

Was hast du heute für dich getan?

Energielevel:

Tages Rückblick

Warum bist du heute stolz auf dich?
(Bsp: Warst du im Gym? Hast du eine Aufgabe erledigt, die du lange aufgeschoben hast? War deine Morgenroutine heute richtig gut? Hast du dir Zeit für deine Ziele/Leidenschaft genommen? Hattest du ein motivierendes Gespräch...?

Was war die größte Herausforderung des Tages und warum?

☐ Routinen
☐ Werte
☐ Siege
☐ Mindset
☐ Zeitmanagement
☐ Freestyle

Tag 80

Daily - Checkliste:

☐ Morgenroutine

☐ Werte

☐ Ziele

☐ Mindset

☐ Zeitmanagement

Frage des Tages:
WELCHEN INNEREN KONFLIKT TRAGE ICH BEREITS VIEL ZU LANGE MIT MIR HERUM?

Verhaltensmuster auflösen und Umdenken

Unser Ziel: **Du kontrollierst deine Reaktion und deine Handlungen.**

Trigger/Stressauslöser:

⬇

Warum ist das passiert?

⬇

Meine Reaktion:

⬇

So will ich in Zukunft reagieren:

☐ Routinen
☐ Werte
☐ Siege
☐ Mindset
☐ Zeitmanagement
☐ Freestyle

Tag 80

Highlights des Tages:
Was/Wer hat dich heute motiviert?

Was hast du heute für dich getan?

Energielevel:

Tages Rückblick

Warum bist du heute stolz auf dich?
(Bsp: Warst du im Gym? Hast du eine Aufgabe erledigt, die du lange aufgeschoben hast? War deine Morgenroutine heute richtig gut? Hast du dir Zeit für deine Ziele/Leidenschaft genommen? Hattest du ein motivierendes Gespräch...?

Was war die größte Herausforderung des Tages und warum?

☐ Routinen
☐ Werte
☐ Siege
☐ Mindset
☐ Zeitmanagement
☐ Freestyle

Tag 81

Daily - Checkliste:

☐ Morgenroutine

☐ Werte

☐ Ziele

☐ Mindset

☐ Zeitmanagement

Frage des Tages:
WAS HAT ZU DIESEM INNEREN KONFLIKT GEFÜHRT?

....

....

....

....

....

Verhaltensmuster auflösen und Umdenken

Unser Ziel: **Du kontrollierst deine Reaktion und deine Handlungen.**

Trigger/Stressauslöser:

⬇

Warum ist das passiert?

⬇

Meine Reaktion:

⬇

So will ich in Zukunft reagieren:

☐ Routinen
☐ Werte
☐ Siege
☐ Mindset
☐ Zeitmanagement
☐ Freestyle

Tag 81

Highlights des Tages:
Was/Wer hat dich heute motiviert?

Was hast du heute für dich getan?

Energielevel:

Tages Rückblick

Warum bist du heute stolz auf dich?
(Bsp: Warst du im Gym? Hast du eine Aufgabe erledigt, die du lange aufgeschoben hast? War deine Morgenroutine heute richtig gut? Hast du dir Zeit für deine Ziele/Leidenschaft genommen? Hattest du ein motivierendes Gespräch...?

Was war die größte Herausforderung des Tages und warum?

☐ Routinen
☐ Werte
☐ Siege
☐ Mindset
☐ Zeitmanagement
☐ Freestyle

Tag 82

Daily - Checkliste:

☐ Morgenroutine

☐ Werte

☐ Ziele

☐ Mindset

☐ Zeitmanagement

Frage des Tages:
WIE KANN ICH DIESEN INNEREN KONFLIKT LÖSEN UND AUFARBEITEN?

....
....
....
....
....

Verhaltensmuster auflösen und Umdenken

Unser Ziel: **Du kontrollierst deine Reaktion und deine Handlungen.**

Trigger/Stressauslöser:

⬇

Warum ist das passiert?

⬇

Meine Reaktion:

⬇

So will ich in Zukunft reagieren:

☐ Routinen
☐ Werte
☐ Siege
☐ Mindset
☐ Zeitmanagement
☐ Freestyle

Tag 82

Highlights des Tages:
Was/Wer hat dich heute motiviert?

Was hast du heute für dich getan?

Energielevel:

Tages Rückblick

Warum bist du heute stolz auf dich?
(Bsp: Warst du im Gym? Hast du eine Aufgabe erledigt, die du lange aufgeschoben hast? War deine Morgenroutine heute richtig gut? Hast du dir Zeit für deine Ziele/Leidenschaft genommen? Hattest du ein motivierendes Gespräch...?

Was war die größte Herausforderung des Tages und warum?

☐ Routinen
☐ Werte
☐ Siege
☐ Mindset
☐ Zeitmanagement
☐ Freestyle

Tag 83

Daily - Checkliste:

☐ Morgenroutine

☐ Werte

☐ Ziele

☐ Mindset

☐ Zeitmanagement

Frage des Tages:
WELCHE ENTSCHEIDUNG SCHIEBE ICH SEIT EWIGKEITEN AUF, OBWOHL DIE ANTWORT BEREITS KLAR IST?

Verhaltensmuster auflösen und Umdenken

Unser Ziel: **Du kontrollierst deine Reaktion und deine Handlungen.**

Trigger/Stressauslöser:

⬇

Warum ist das passiert?

⬇

Meine Reaktion:

⬇

So will ich in Zukunft reagieren:

☐ Routinen
☐ Werte
☐ Siege
☐ Mindset
☐ Zeitmanagement
☐ Freestyle

Tag 83

Highlights des Tages:
Was/Wer hat dich heute motiviert?

Was hast du heute für dich getan?

Energielevel:

Tages Rückblick

Warum bist du heute stolz auf dich?
(Bsp: Warst du im Gym? Hast du eine Aufgabe erledigt, die du lange aufgeschoben hast? War deine Morgenroutine heute richtig gut? Hast du dir Zeit für deine Ziele/Leidenschaft genommen? Hattest du ein motivierendes Gespräch...?

Was war die größte Herausforderung des Tages und warum?

☐ Routinen
☐ Werte
☐ Siege
☐ Mindset
☐ Zeitmanagement
☐ Freestyle

Tag 84

Daily - Checkliste:

☐ Morgenroutine

☐ Werte

☐ Ziele

☐ Mindset

☐ Zeitmanagement

Frage des Tages:
WAS HÄLT MICH DAVON AB MEINE ENTSCHEIDUNG MITZUTEILEN UND FÜR MICH UND MEINE ZUKUNFT EINZUSTEHEN?

....

....

....

....

....

Verhaltensmuster auflösen und Umdenken

Unser Ziel: **Du kontrollierst deine Reaktion und deine Handlungen.**

Trigger/Stressauslöser:

⬇

Warum ist das passiert?

⬇

Meine Reaktion:

⬇

So will ich in Zukunft reagieren:

☐ Routinen
☐ Werte
☐ Siege
☐ Mindset
☐ Zeitmanagement
☐ Freestyle

Tag 84

Highlights des Tages:
Was/Wer hat dich heute motiviert?

Was hast du heute für dich getan?

Energielevel:

Tages Rückblick

Warum bist du heute stolz auf dich?
(Bsp: Warst du im Gym? Hast du eine Aufgabe erledigt, die du lange aufgeschoben hast? War deine Morgenroutine heute richtig gut? Hast du dir Zeit für deine Ziele/Leidenschaft genommen? Hattest du ein motivierendes Gespräch...?

Was war die größte Herausforderung des Tages und warum?

Welche neuen Erkenntnisse hast du in dieser Woche gewonnen?

....
....
....
....

Durchschnittliches Energielevel:

Wochen Rückblick

Welche Situation hat dich in dieser Woche am meisten beschäftigt und wieso?

....
....
....

Wer/Was hat dich diese Woche am meisten motiviert, deine Energie gesteigert und dich deinem Ziel näher gebracht? (Halte daran fest)

....
....

Raum für deine Gedanken

Datum:

Willkommen beim großen Finale Queen oder King!

Du bist am Ziel!

Wie fühlt es sich an, dass du 12 Wochen Vollgas gegeben und in das Wertvollste in deinem Leben investiert hast: **in DICH selbst.**

Du darfst mit Stolz behaupten, dass du hart an dir gearbeitet und dich persönlich weiterentwickelt hast. Zusätzlich gehst du weniger gestresst durchs Leben, da du Zeitmanagement nicht nur verstanden hast, sondern weißt, wie man es aktiv lebt. Du hast mehr Energie, um deine Träume zu jagen, deiner Leidenschaft nachzugehen und, um dich selbst zu verwirklichen.

Die vergangenen beiden Wochen waren extrem hart! Das wissen wir. Fast nichts ist intensiver, anstrengender und zugleich effektiver, als sich solche tiefgründigen Fragen zu stellen, sie zu reflektieren und Antworten darauf zu finden.

Wir haben den allergrößten Respekt, dass DU jetzt hier bist!

Willkommen beim großen Finale Queen oder King!

Kein Grund für dieses Gefühl der Leere in dir!

Sicher kennst du das ein oder andere Motivationsprogramm oder Journal, das genau an dieser Stelle endet. Zack, du stehst plötzlich alleine da und läufst Gefahr, wieder in alte Verhaltensmuster zurückzukehren. Das wollen wir um jeden Preis verhindern. Deine Zeit und Energie, die du in **12 Wochen zum Erfolg** investiert hast, sind zu wertvoll, um jetzt in alte Muster zu verfallen.

Deshalb bieten wir dir mehrere Möglichkeiten, damit dein Weg kontinuierlich weitergeht und du weiter vorankommst.
Du findest im Anhang des Journals unseren Notfallplan mit Überlebenstipps für miese Tage, denn die wird es geben, keine Frage.
Zusätzlich haben wir dir ein paar coole Entspannungstechniken zusammengestellt, die dich nach einem stressigen Tag wieder erden.

Du findest Motivation auf unseren Social-Media-Kanälen. Dort sind wir auch persönlich für dich da. Wichtig ist uns, dass du eine Sache weißt: **Du bist nicht allein und dein Weg endet nicht hier, sondern geht weiter.**

Feauture mit der Zukunft

Und sonst so? Wie geht's jetzt weiter?

Bereits während der intensiven Arbeit an unserem Projekt **„Lyrics für deinen Erfolg"** ist uns eine Sache klar geworden. Es kann unmöglich mit diesen 12 Wochen enden. Sie bilden den Anfang für etwas Großes!

Daraus ist die Idee entstanden, Videokurse für euch zu erstellen, die tiefer auf die einzelnen Themen eingehen und euch weiterwachsen lassen. Wir teilen unsere Geschichten und erzählen euch, was uns weitergebracht und ausgebremst hat. Wir geben euch in diesem Kurs alles an die Hand, um die Grundlagen, die ihr hier gelernt habt, weiter auszubauen und euer Mindset zu stärken.
Unser oberstes Ziel ist dabei immer, dass ihr unbesiegbar im Alltag werdet und für jegliche Herausforderung des Lebens gewappnet seid und euch nicht vor der Zukunft fürchten müsst. Ihr stellt euch allen Aufgaben entschlossen in den Weg und wir unterstützen euch dabei.

Zusätzlich planen wir vertiefende Workbooks zu den Themen Zeitmanagement und Mindset, da es zu diesen Themen unglaublich viel zu sagen gibt und sie in unserer Generation, die ständig im Stress lebt, von besonderer Bedeutung sind.

Wir informieren euch über unsere laufenden Projekte auf unseren Social-Media-Kanälen.

Zeit, Träume zu verwirklichen!

Wir sind unglaublich stolz, dass ihr hier seid!
Cryse & Melodie

Bonustracks

> Ich habe immer noch Phasen da läuft es richtig mies, doch all das wird zu einem Teil meiner History.
>
> Cryse
> Merkur

Dein tägliches Highlight

MACHE JEDEN TAG IN DEINEM LEBEN ZU EINEM UNVERGESSLICHEN UND BESONDEREN TAG.

Vergiss neben all deinen Zielen nicht zu leben!
Deinen Zielen und Träumen jeden Tag ein Stück näher kommen, das ist es, wofür du jeden Tag aufstehst und kämpfst, oder? Klar, deshalb bist du auch schon seit Wochen hier und arbeitest an dir, um die beste Version von dir selbst zu werden. Wir wissen, wie hart und anstrengend die Reise zu den eigenen Zielen sein kann und, dass es Zeiten gibt, in denen man am liebsten alles hinschmeißen und aufgeben will. Damit es nicht dazu kommt, gönn dir jeden Tag etwas, das dich glücklich macht und deine Motivation aufrecht erhält.

Warum? Weil du es verdienst! Lebe im Hier und Jetzt, feiere kleine Siege und sammle Momente voller Glück. Diese Augenblicke und Erinnerungen helfen dir, Hürden zu meistern, und versorgen dich mit Kraft, wann immer es nötig ist.

Dein tägliches Highlight

1. **Gym:** Ein intensives Workout, um Energie zu tanken.
2. **Saunabesuch:** Entspannung und Erholung für Körper und Geist.
3. **Kinoabend:** Genieße einen Filmabend auf der großen Leinwand.
4. **Kaffee trinken gehen:** Kaffee mit Freunden oder alleine.
5. **Freunde treffen:** Verbringe Zeit mit deinen Liebsten.
6. **Gutes Buch lesen:** Roman oder Sachbuch.
7. **Spaziergang in der Natur:** Frische Luft und Durchatmen.
8. **Musik pumpen:** Deine Lieblingsmusik aufdrehen und genießen.
9. **Kochabend:** Koche ein leckeres Essen oder ein neues Rezept.
10. **Yoga-Session:** Entspanne dich und stärke deine Flexibilität.
11. **Massage:** Gönn dir eine entspannende Massage.
12. **Meditation:** Finde innere Ruhe und Gelassenheit.
13. **Deine Leidenschaft:** Mache das, was dich glücklich macht.
14. **Journal schreiben:** Reflektiere deine Gedanken.
15. **Challenge:** Versuche ein neues Hobby oder eine neue Sportart.
16. **Hörbuch anhören:** Tauche in spannende Geschichten ein.
17. **Pick-Up-Sport:** Fußball, Basketball oder ein anderes Teamspiel.
18. **Podcasts hören:** Lerne etwas Neues oder höre inspirierende Podcasts.

Die Übersicht dient zur Inspiration. Gönne dir etwas, das **DICH** glücklich macht und dich jeden Tag motiviert, weiterzumachen.

8. Notfallplan

Du hast einen richtig miesen Tag? Nichts klappt, maximal unproduktiv, unmotiviert, schlapp, und du findest den Fokus nicht?

Stress dich nicht! Solche Tage sind völlig **NORMAL** und gehören zum Leben dazu. Hier teilen wir dir unseren Notfallplan mit, wenn wir mal festhängen und einen Tag haben, an dem nichts funktioniert.

Das mache ich an miesen Tagen:
Melodie Edition

- ✓ Ab ins Gym - hilft mir zu 99%
- ✓ Raus gehen in die Naur. Spazieren oder laufen, Headphones, Motivationsplaylist und GO.
- ✓ Mit Freunden oder Menschen sprechen/treffen, die mich motivieren, inspirieren und die positiv sind.
- ✓ Einen Tag dem Alltag entfliehen, akzeptieren, dass miese Tage dazu gehören und etwas komplett anderes machen: Kino, Kaffee trinken, lesen, Therme, Serie schauen, kochen usw...
- ✓ Den kommenden Tag planen. Das schafft Motivation und nimmt für heute den Druck raus.

Das mache ich an miesen Tagen: Cryse Edition

Emergeny Exit

- ✓ Mich meiner Leidenschaft widmen.
- ✓ Etwas komplett anderes tun, z.B: Trip machen, etwas Neues ausprobieren.
- ✓ Gym
- ✓ Relax Aktivitäten, z.B: Schwimmen, Sauna, Natur.
- ✓ Den morgigen Tag planen und strukturieren. Hilft immer!!!

Allgemeine Tipps

1. Deep Breathin' Power:
Atme einige Male tief durch. Akzeptiere, wenn eine Situation unveränderter ist, und bündle deine Energie, um eine Lösung zu finden, statt dich zu stressen.

2. Ziel klar vor Augen:
Denk an deine großen Ziele und setze dir heute ein konkretes Miniziel. Kleine Siege bauen Großes auf!

3. Natur-Reset:
Raus in die Natur! Frische Luft und Grün tun der Seele gut und boosten die Laune.

4. Gym-Time:
Ab ins Gym, Pump it Up! Das Workout gibt dir den Energiekick, den du brauchst.

5. To-Do-Liste rocken:
Check deine Liste. Priorisier, kill die unwichtigen Punkte.

just relax

Time to Relax

Es kann ganz schön anstrengend sein, sich regelmäßig zu reflektieren, seine Ziele zu verfolgen und täglich an sich zu arbeiten, um ganz nach oben zu kommen. **Wir wissen das!**

Damit es dir nicht zu viel wird, stellen wir dir an dieser Stelle drei bewährte Entspannungstechniken vor. Im ersten Moment klingt das vielleicht etwas seltsam, aber wenn du dich erst einmal darauf einlässt und sie ausprobierst, wirst du merken, dass sie dich echt weiterbringen und Stress abbauen.

1. Progressive Muskelentspannung

Was ist das?
PME ist deine Waffe gegen stressige Zeiten. Hier geht es darum, deine Muskeln in den Relax-Modus zu versetzen.

Wie funktioniert PME?
Setze oder lege dich hin, und schon kann es losgehen. Beginne mit deinen Zehen an und arbeite dich hoch. Spanne jede Muskelpartie kurz an (ca. 5-10 Sekunden) und dann ab in den Entspannungsmodus.

Warum wirkt PME?
PME vermindert Muskelverspannungen und stärkt gleichzeitig die Verbindung zwischen Körper und Geist.
Let's relax!

Time to Relax

2. Achtsamkeitsmeditation

Was ist das?
Bei der Achtsamkeitsmeditation konzentrierst du dich auf den gegenwärtigen Moment, ohne zu urteilen oder abzuschweifen.

Wie funktioniert das?
Setze dich bequem hin, schließe die Augen und richte deine Aufmerksamkeit auf deinen Atem, Körperempfindungen oder Geräusche in der Umgebung. Lasse deinen Gedanken freien Lauf, ohne dich an sie zu klammern.

Warum ist das effektiv? Achtsamkeitsmeditation hilft, Stress abzubauen, dein emotionales Wohlbefinden zu steigern und dich auf das Hier und Jetzt zu konzentrieren, ohne es zu zerdenken.

3. Visualisierung

Was ist das?
Diese Technik nutzt die Vorstellungskraft, um Entspannung und mentale Ruhe zu erreichen.

Wie funktioniert das?
Schließe die Augen und stelle dir einen beruhigenden Ort, ein positives Ereignis oder ein Ziel lebhaft vor. Tauche tief in die Details ein und konzentriere dich auf positive Emotionen, die dadurch in dir ausgelöst werden.

Warum ist das effektiv?
Geführte Visualisierung kann Stress reduzieren, Selbstvertrauen stärken und Entspannung fördern.

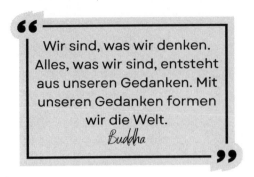

> Wir sind, was wir denken. Alles, was wir sind, entsteht aus unseren Gedanken. Mit unseren Gedanken formen wir die Welt.
> *Buddha*

Realtalk!

Fragst du dich, ob diese Übungen wirklich etwas bringen? Wirf einen Blick auf die positiven Auswirkungen dieser Entspannungstechniken.

Teile uns gern mal auf Insta mit, welche Technik du zum Entspannen am besten findest.

Positive Effekte von Entspannungstechniken:

- Verringert Stress und Angst
- Stärkt das Immunsystem
- Verbessert die Schlafqualität
- Steigert die Konzentration und Aufmerksamkeit
- Fördert die Problemlösungsfähigkeiten
- Verbessert die Lebensqualität

EISENHOWER-MATRIX

WICHTIG & DRINGEND	**WICHTIG & NICHT DRINGEND**
SOFORT SELBST ERLEDIGEN	TERMINIEREN
DRINGEND & NICHT WICHTIG	**NICHT DRINGEND & NICHT WICHTIG**
DELEGIEREN	NICHT BEARBEITEN

EISENHOWER-MATRIX

WICHTIG & DRINGEND

....
....
....
....
....
....
....
....
....
....

SOFORT SELBST ERLEDIGEN

WICHTIG & NICHT DRINGEND

....
....
....
....
....
....
....
....
....
....

TERMINIEREN

DRINGEND & NICHT WICHTIG

....
....
....
....
....
....
....
....
....
....

DELEGIEREN

NICHT DRINGEND & NICHT WICHTIG

....
....
....
....
....
....
....
....
....
....

NICHT BEARBEITEN

EISENHOWER-MATRIX

WICHTIG & DRINGEND

SOFORT SELBST ERLEDIGEN

WICHTIG & NICHT DRINGEND

TERMINIEREN

DRINGEND & NICHT WICHTIG

DELEGIEREN

NICHT DRINGEND & NICHT WICHTIG

NICHT BEARBEITEN

EISENHOWER-MATRIX

WICHTIG & DRINGEND	**WICHTIG & NICHT DRINGEND**
SOFORT SELBST ERLEDIGEN	TERMINIEREN
DRINGEND & NICHT WICHTIG	**NICHT DRINGEND & NICHT WICHTIG**
DELEGIEREN	NICHT BEARBEITEN

EISENHOWER-MATRIX

WICHTIG & DRINGEND

....
....
....
....
....
....
....
....
....

SOFORT SELBST ERLEDIGEN

WICHTIG & NICHT DRINGEND

....
....
....
....
....
....
....
....
....

TERMINIEREN

DRINGEND & NICHT WICHTIG

....
....
....
....
....
....
....
....
....

DELEGIEREN

NICHT DRINGEND & NICHT WICHTIG

....
....
....
....
....
....
....
....
....

NICHT BEARBEITEN

EISENHOWER-MATRIX

WICHTIG & DRINGEND

....
....
....
....
....
....
....
....
....

SOFORT SELBST ERLEDIGEN

WICHTIG & NICHT DRINGEND

....
....
....
....
....
....
....
....
....

TERMINIEREN

DRINGEND & NICHT WICHTIG

....
....
....
....
....
....
....
....
....

DELEGIEREN

NICHT DRINGEND & NICHT WICHTIG

....
....
....
....
....
....
....
....
....

NICHT BEARBEITEN

EISENHOWER-MATRIX

WICHTIG & DRINGEND

....
....
....
....
....
....
....
....
....

SOFORT SELBST ERLEDIGEN

WICHTIG & NICHT DRINGEND

....
....
....
....
....
....
....
....
....

TERMINIEREN

DRINGEND & NICHT WICHTIG

....
....
....
....
....
....
....
....
....

DELEGIEREN

NICHT DRINGEND & NICHT WICHTIG

....
....
....
....
....
....
....
....
....

NICHT BEARBEITEN

EISENHOWER-MATRIX

WICHTIG & DRINGEND

SOFORT SELBST ERLEDIGEN

WICHTIG & NICHT DRINGEND

TERMINIEREN

DRINGEND & NICHT WICHTIG

DELEGIEREN

NICHT DRINGEND & NICHT WICHTIG

NICHT BEARBEITEN

EISENHOWER-MATRIX

WICHTIG & DRINGEND	**WICHTIG & NICHT DRINGEND**
SOFORT SELBST ERLEDIGEN	TERMINIEREN
DRINGEND & NICHT WICHTIG	**NICHT DRINGEND & NICHT WICHTIG**
DELEGIEREN	NICHT BEARBEITEN

EISENHOWER-MATRIX

WICHTIG & DRINGEND

SOFORT SELBST ERLEDIGEN

WICHTIG & NICHT DRINGEND

TERMINIEREN

DRINGEND & NICHT WICHTIG

DELEGIEREN

NICHT DRINGEND & NICHT WICHTIG

NICHT BEARBEITEN

Quellenverzeichnis:

Bücher

1. Reichel, Tim. (24/7-Zeitmanagement). Studienscheiss; 3. Edition (8. Februar 2021)

2. Clear, James. (Die 1%-Methode – Minimale Veränderung, maximale Wirkung). Goldmann Verlag; Deutsche Erstausgabe Edition (27. April 2020)

3. Bachim, Sacha. (Therapie to go: 100 Psychotherapie Tools für mehr Leichtigkeit im Alltag | Buch über positive Psychologie und positives Denken). Remote Verlag; 1. Edition (16. Juli 2022)

4. Pignitter, Melanie. (Wenn ein Satz dein Leben verändert: Die kraftvollsten Affirmationen für dein positives Selbst (GU Mind & Soul Einzeltitel). GRÄFE UND UNZER Verlag GmbH; 6. Edition (5. Juli 2023)

5. Howell, Derick. (Stress abbauen - Resilienz aufbauen: Mit diesen bewährten Techniken der Stressbewältigung bleiben Sie im Alltag gelassen. Mehr Lebensfreude - weniger Sorgen). Inner Growth Media (15. September 2020)

6. Lorenz, Stefanie. (Mit Achtsamkeit zur Gelassenheit: „Alles zu viel..." - Wie du entspannter mit Alltagsstress umgehst, deine Gedanken zur Ruhe bringst und mehr Lebensfreude genießt). Suhland (9. Oktober 2021)

7. Daniel H. Pink. (Drive: Was Sie wirklich motiviert). dtv Verlagsgesellschaft (2012). Stephen R. Covey. (Die 7 Wege zur Effektivität: Prinzipien für persönlichen und beruflichen Erfolg). GABAL Verlag (2020).

8. Sabine Asgodom. (Der kleine Coach: Erfolgreich im Beruf). dtv Verlagsgesellschaft (2008).

8. Charles Duhigg. (Die Macht der Gewohnheit: Warum wir tun, was wir tun). Random House (2013).

9. Jon Kabat-Zinn. (Stressbewältigung durch die Praxis der Achtsamkeit). Knaur MensSana HC (2021).

10. Timothy Ferriss. (Der 4-Stunden-Arbeitswoche: Mehr Zeit, mehr Geld, mehr Leben). Riemann Verlag (2011).

11. Joseph Murphy. (Positives Denken - Erfolg durch Mentaltraining). Ariston (2016).

12. James Allen. (Wie wir denken, so leben wir: As a Man Thinketh). Ariston (2017).

13. John Strelecky. (Das Café am Rande der Welt: Eine Erzählung über den Sinn des Lebens). dtv Verlagsgesellschaft (2007).

14. Benjamin Spall und Michael Xander. (Der Morgenmacher: Wie ich meine morgendliche Routine entwickelte und dadurch erfolgreich wurde). Droemer HC (2018).

Printed in Poland
by Amazon Fulfillment
Poland Sp. z o.o., Wrocław
21 December 2023

5cc8d748-3752-4313-8138-8f997130eed3R01